U0599834

论语新解

全译本

倪可 译注

北方联合出版传媒(集团)股份有限公司
万卷出版公司

图书在版编目（CIP）数据

论语新解全译本 / 倪可译注 . —沈阳：万卷出版公司，2016.3
ISBN 978-7-5470-4063-8

Ⅰ. ①论… Ⅱ. ①倪… Ⅲ. ①儒家②《论语》—译文③《论语》—注释 Ⅳ. ① B222.2

中国版本图书馆 CIP 数据核字（2015）第 312261 号

论语新解全译本

策划编辑　王可飞　徐　腾
责任编辑　李　婧
出 版 者　北方联合出版传媒（集团）股份有限公司
　　　　　万卷出版公司
联系电话　024-23284090　010-57454988
经　　销　各地新华书店发行
印　　刷　北京中科印刷有限公司
版　　次　2016 年 3 月第 1 版
印　　次　2016 年 3 月第 1 次印刷
成品尺寸　148mm × 210mm
印　　张　12.25
字　　数　288 千字
书　　号　978-7-5470-4063-8
定　　价　32.80 元

如有质量问题，请与印务部联系。联系电话：010-57262361

序

几千年来，孔子被尊奉为“圣人”，《论语》被定位为“圣学”。人们对于孔子及《论语》皆怀着一种“高山仰止”般的崇敬，不敢越雷池半步，虔诚地将其推上神坛，推向常人不可企及的高度。其实《论语》中蕴含了许多人生智慧，其内容包罗万象，涉及社会生活的方方面面：思想、文化、教育、伦理、道德，及待人接物、兴趣爱好、修身齐家平天下等。

作为儒学传统文化的开创者，孔子无疑是伟大的，几千年来，他深刻地影响了一代又一代的中国乃至世界上的知识分子，其地位是至高无上的。孔子的思想在传承的过程中曾遭遇过“焚书坑儒”的洗礼，也享受过“罢黜百家，独尊儒术”的推崇，其中包含的修身养性的生活态度，治国理政的政治见解，面对生死的义利探讨，朋友之道，为孝之道，学习方法及教育理念等方方面面的见解，千百年来始终放射着独特的智慧光芒。

本书将以通俗直白、凝练活泼的文字，揭开孔子及《论语》的神秘面纱，还原那个曾经有血有肉的孔子，认识当年那个循循善诱而不古板的老师，了解那个对朋友正直、坦率、宽容的人，再现他生活的细节，映射他纯净、高尚的道德情操。

本书的编撰体例包括原文、古语译读、古语智慧及人物链接等四个部分。其中“古语智慧”是本书的重点和亮点，主要内容为根据现实和历史的轨迹，以随笔形式抒发编者研读的心得和感悟。

对《论语》的解读，不同年龄、不同职业的人都会有各种不同的体会和见解。其实，不论褒扬贬抑，在不同程度上都起到了一个激发争论、深入思考的过程，这对于国学传统文化的传承都是十分有益的。另外，虽然《论语》有着明显的时代印迹，但只要不悖理圣贤的初衷，让它更贴近于我们的生活，就会使其更加深入人心，彰显“圣学”的真正魅力。

让我们一起翻开这本书，共同去追寻圣人的足迹，打开智慧的双翼，在现代生活喧嚣的路途上，用圣贤的智慧和精神，感受生活的馈赠，享受“圣学”所带给我们的感动、感悟和感慨吧！

目录 CONTENTS

学而篇

学而立世，博学谦恭

《学而篇》开篇明意，统领孔子儒学之要。「学可以立德，学可以增智，学可以致用」；《学而篇》如顶门悬鞭，学者可执而约己；又如临渊撒网，可捕滚滚历史长河之大鲫。

国以民为本，家以孝为先，人以德为重。学以致用，学以安身，学以孝悌，学以富国。学而乐，君子应快乐地学习，反复地学习，终身不断地学习；慎交友，得一益友，在相互的学习和交流中开阔视野；学贵养德，博爱仁德，重孝道，加强对自身品德的修养，培养良好的情趣和美好的操守，谦虚恭敬，守信于人。无论贫贱富达，唯有学习为安身立世之本。

一

子曰："学而时习之，不亦说乎？有朋自远方来，不亦乐乎？人不知而不愠，不亦君子乎？"

古语译读

孔子说："学过之后，要时时去温习它，不也很高兴吗？有志同道合者从远处来共学，不也很快乐吗？别人不了解自己的才能，我却不抱怨，不也算得上君子吗？"

古语智慧

现代社会的发展日新月异，不学习就会被时代抛弃。因此，学习是伴随一个人终身的大事。学无止境，只有善于学习，不断学习，在学习的过程中发现问题、解决问题，才能让自己更加地充实，不断进步。

人们常说，人生得一知己足矣，可见知心好友对一个人的重要性。因此，我们要在平时的学习生活中，善交友，交益友，这样才能让更多志趣相投、有高尚情怀的人成为我们的朋友，与我们共同学习，共同进步，共同打拼事业。同时，在交朋友的时候，我们要懂得包容，善于发现对方的长处。若有人因为不了解我们而对我们产生误解，也不必挂怀，君子之气度和胸襟更在于"人不知而不愠"。一个有修养的人，不会因为别人暂时的误解或不理解就去做有损于自己道德修养的事，更不会以恶行对待他人。一时的失意只是人生的一种磨砺，它可以为我们今后的成功奠定基础。

二

有子曰："其为人也孝弟，而好犯上者，鲜矣；不好犯上，而好作乱者，未之有也。君子务本，本立而道生。孝弟也者，其为人之本与？"

古语译读

有子说："一个人为人孝顺父母，敬爱兄长，却喜欢冒犯官长，是很少有的；不喜欢冒犯官长，却喜欢造反，这种人从来没有过。君子致力于根本。根本树立了，道也就产生了。孝和悌，这就是仁的根本吧！"

古语智慧

"以仁为本""以孝为先"，孝道为中国传统美德。然而，当下有很多人对父母轻则语言顶撞，重则弃之不管不顾，孝道似乎离我们越来越远了。乌鸦尚知反哺，何况人乎？何况君子乎？

因此，全社会应该积极行动起来，从给父母端一杯水、洗一次脚等一些点滴的小事做起，重视孝道，以孝为荣，以孝为乐，把孝道变成一种风尚，向古代有孝行的君子学习：入则孝悌为先，出则恭敬诚信。仁孝行之于家，必受乡邻之称颂，受他人之敬重，也必定会得到他人之友善。这样的人才能获得社会的认可，得到同学、邻人、亲朋的好感，才会积聚人脉，受众人喜爱和拥戴。假如人人如此，家家其乐融融，整个社会就会成为一个和谐的大家庭。

人物链接

有子：名若，字子有。春秋时期鲁国人，有子强识好古，明习礼乐，倡和睦，重礼教。曾提出"礼之用，和为贵"等学说。因其气质形貌酷似孔子，因此在孔子死后深受孔门弟子敬重。

三

子曰："巧言令色，鲜矣仁！"

古语译读

孔子说："满口是讨人喜欢的花言巧语，满脸是讨人喜欢的伪善神色，这种人，仁德是不多的！"

古语智慧

诚实、守信不仅是一个人在社会立足的根本，更是一个人性格成熟、人格完美的体现。善于阿谀谄媚者，大多巧舌如簧，满脸堆笑，手脚殷勤，表面看起来这种人似乎不会"犯上作乱"，听话又忠心，实则却大多居心不正。

因此在日常的生活、工作中，我们一定时刻警惕这类人，不要让他们成为埋在我们身边的"定时炸弹"。我们要提防巧言令色的人，同时更不要成为这样的人，在生活中、工作中，应该多一分踏实，多一分努力，这样才会做出成绩，成就人生。

四

曾子曰："吾日三省吾身——为人谋而不忠乎？与朋友交而不信乎？传不习乎？"

古语译读

曾子说："我一天中多次反省自己：为别人办事是不是尽心竭力

了？与朋友交往够不够诚实？老师传授的学业有没有温习？”

古语智慧

在这个世上，每个人最大的敌人就是自己。因此，我们应该经常不间断地反思自己，反思自己的所作所为，或是扪心自问，今天有没有进步一点点，今天有没有虚度时光，今天有没有做过伤害别人的事，今天的作业或是工作是否圆满完成了……发现身上点滴的不足，时时拂拭心灵的暗尘，这是对自己品德最好的一种修为方式。

人物链接

曾子：姓曾，名参，字子舆，春秋末年鲁国南武城人。曾子性情沉静，举止稳重，为人谨慎，待人谦恭。16岁拜孔子为师，勤奋好学，颇得孔子真传，对孔子的儒学学派思想既有继承，又有发展和建树。其提出的“修齐治平”的政治观，“省身”“慎独”的修养观，以孝为本、孝道为先的孝道观影响了中国两千多年，至今仍具有极其宝贵的社会意义和实用价值。

五

子曰：“道千乘（shèng）之国，敬事而信，节用而爱人，使民以时。”

古语译读

孔子说：“治理拥有千辆兵车的国家，应做到严肃认真地对待各项工作，恪守信用，诚信无欺，节省开支，爱护有身份的人，顺应农时役使百姓（不影响他们生产）。”

古语智慧

作为领导，首先要修领导之德，身在其位，就得谋其职、做其事，谨慎地处理好自己的本职工作，遇到问题能身先士卒，多体恤下属，如若不然，则很难服众。另外，除了要用人格和诚信的魅力获得属下的信赖和忠诚，你还要学会勤俭持“家”，推行不浪费的经济原则，还要合理适时地调动不同的人做好不同的工作。做到了这些，你才能算是一个合理的领导，一个真正为民谋利的人。

六

子曰：“弟子，入则孝，出则悌，谨而信，泛爱众，而亲仁。行有余力，则以学文。”

古语译读

孔子说：“年少后生，在家要孝顺父母，外出要尊敬长辈；谨慎而且守信用，博爱民众，亲近有仁德的人。做到这些以后，还有多余的精力，就用来学习文献知识。”

古语智慧

朱子曰：“善事父母为孝，善事兄长为悌。”孝悌父兄既是人之天性，也是做人的根本，一个人如不能孝养其亲，又何以敬事于人呢？亲近有德行的人，时时拂拭心灵的暗尘，修正自己的言行，这样才能提高自己的修养。

人的品德修养是从日常生活中累积而来的，每一个点滴的细节，都将决定和改善着我们的日常生活和思想修为。

七

子夏曰："贤贤易色；事父母，能竭其力；事君，能致其身；与朋友交，言而有信。虽曰未学，吾必谓之学矣。"

古语译读

子夏说："对待妻子，注重品德而不注重相貌，侍奉父母尽心尽力，侍奉君主能豁出性命，交结朋友说话守信。这样的人虽说没学习过，我也一定说他学习过了。"

古语智慧

真正的才学不一定来自于课堂，辨识一个人的品德优劣，既非文凭或是职务，也非偌大的别墅或是银行卡存款的位数，更不是漂亮的脸蛋或是曼妙的身姿。有些人貌不出众，学历不高，却能恪守欲望，守信朋友，孝养父母。在物欲横流的时代，有一些人穿越了道德的底线，但有更多的人则愿意做理想与道德的守护者和践行者。

人物链接

子夏：姓卜，名商，字子夏，后亦称"卜子夏""卜先生"，春秋末晋国温人，小孔子 44 岁，是孔子后期学生中之佼佼者，孔门十哲之一。

八

子曰："君子不重，则不威；学则不固。主忠信。无友不如己者。过，则勿惮改。"

古语译读

孔子说："对君子来说，如果不庄重，就没有威严；即使学习，所学的也不会牢固。要亲近怀有忠和信两种道德的人，不要与不如自己的人交友。有过失就不要怕改正。"

古语智慧

做人不可虚妄，更不应装腔作势。每一个人都有他的长处，都有值得学习的地方，正如夫子所言，"三人行，必有我师焉。"工作经验不足的应该虚心向前辈学习，学习后进的应该讨教学习优良者的学习方法和态度。做人要自重，持重养德，摒弃轻浮与乖张，尊重他人。比对别人的长处，发现自己的不足，学习改进。

对于职场中的管理者来说，孔子的这番话也有很强的指导意义：作为领导想要树立威信，必须做到以下三点：第一，要站在下属的角度思考问题，并且做到言而有信；第二，不要与下属太过亲近，尤其是私下里，毕竟生活中可兄弟，但职场却有上下；第三，工作中下属出了差错要勇于为其承担，自己犯了错误也要敢于面对并积极去改正。

九

曾子曰："慎终，追远，民德归厚矣。"

古语译读

曾子说："慎重对待死亡，追念先祖，百姓的道德自然就引归淳厚了。"

古语智慧

清明节是中国传统节日之一，在这一天，人们通过禁火、祭祖、扫墓、踏青、植树等风俗来缅怀先祖、追思故人。曾子所讲的这句话意在告诫人们要慎重对待长辈的丧事，以恭敬、虔诚的态度去追忆去世的先祖，这才是清明节的真正意义。然而，如今在这些传统文化和习俗的传承过程中，却渐渐出现了一些良莠不齐的现象，比如，简单地将清明等同于上坟，在这一天，把扫墓理解成焚烧祭品、燃放鞭炮等。其实，纯粹烧一些祭品，比如说纸钱等，也无可厚非，但是如今焚烧的物品却在不断“与时俱进”，有烧楼房的，烧汽车的，甚至还有烧奴仆、烧二奶的，如此乌烟瘴气的烧法，已经严重扭曲了清明节原有的意义。

因此，于清明时节，移风易俗，倡导文明祭扫，正是提高广大民众公民素质和文明素养的好时机。

一十

子禽问于子贡曰：“夫子至于是邦也，必闻其政，求之与？抑与之与？”子贡曰：“夫子温、良、恭、俭、让以得之。夫子之求之也，其诸异乎人之求之与？”

古语译读

子禽向子贡问道：“老师每到一个国家，必定听得到政事，这是求来的，还是别人主动告诉他的呢？”子贡说：“老师是凭着温和、善良、恭敬、俭朴、谦让此五者得到这些的。因此咱们老师获闻的各国政事，自然与别人获闻的各国政事是不同的。”

古语智慧

为道义而非利禄经世，为正义而非庙堂问政。温良恭俭让，修养高雅的品行，反躬自查，修持己德，则能异于常人。古人正是用这些品德去获得别人的尊敬和信赖的，正如孔子也是因此得到许多君主的礼敬一样。

时光流转千年，温良恭俭让之风在华夏大地依然没有褪色，只不过，新时代的温良恭俭让在某种程度上意义更丰富了一些。温，是指对人的态度温和，这也是衡量一个人品德的重要指标；古时人们对良的理解更侧重于思想品质方面，认为“良”是善良、高尚、仁义、忠诚的标志。而现代社会中，人们说到“良”时，更多的是指存在于内心的衡量是非善恶的标志；“恭”在古代汉语中本义是指“严肃”，包括容貌的端庄，对别人的谦和以及做事认真不苟等。而在现代汉语中，“恭”则逐渐和“敬”字趋于一致，即为“恭敬”，“恭敬”一词除了包含“恭”原有的含义之外，更着重表现为对同志特别是对长者的尊敬；千百年来，“俭”作为中华民族的传统美德，一直是国人立身为本的重要品质和原则；“让”的含义古往今来一直未变，除了礼让、谦让之外，还包含着讲文明、讲礼貌、讲团结、讲道德等含义。

做为新时期的中国人，应该坚持恪守和奉行先贤留给我们的人生智慧，让温良恭俭让成为我们修身齐家的“最佳武器”。

人物链接

子禽：姓陈，名亢，字子禽。生于公元前511年，蒙人（今安徽蒙城），小孔子40岁，孔门七十二贤之一。郑玄所注《论语》说他是孔子的学生，但《史记·仲尼弟子列传》未载此人，故一说子禽非孔子学生。

十一

子曰："父在，观其志；父没，观其行；三年无改于父之道，可谓孝矣。"

古语译读

孔子说："父亲活着时，要观察他的志向；父亲去世后，要观察他的行为。如果三年不改变父亲的行为原则，就可以说是孝了。"

古语智慧

孔子所言之"孝"是在特定环境之下，子女对于父母的一种依顺，这种孝无可厚非。然而，随着社会的发展，思想观念的改变，这种孝已多少有些不合时宜。诚然，父母在世时有好的志向，父母离世后有好的行为，这样的人不失为孝道之人，但是，父母的为人处世也并非全部是对的，也有有过失的地方，继承父母好的遗志是孝，但对于有过失的地方，如果依然一味遵从，那就是愚孝了。当然，无论父母是错是对，在世时我们都应该尊敬他们，离世时我们也应该怀念他们，至于在遵从他们的观念的时候，则要分清是非黑白了，这样才是真正的孝。

十二

有子曰："礼之用，和为贵。先王之道，斯为美；小大由之。有所不行，知和而和，不以礼节之，亦不可行也。"

古语译读

有子说："礼的用处，以和谐为贵。古代圣贤君王的治国之道，可贵的地方就在这里。但也有行不通的时候。如果只为恰当而求恰当，不用一定的规矩制度来加以节制，也是不可行的。"

古语智慧

礼与德是不相同的，礼不是个人修养，而是习惯和传统，用以约束人的行为规范。"礼"是原则，"和"是方法，既要坚持原则，又要灵活的使用方法，偏执于一端而无法变通都是办不好事情的。做人也是同理，既要有自己的思想，坚持自己的信念，也要能根据实际情况，适时调整自己的状态，使自己在生活中能够更加地游刃有余。

十三

有子曰："信近于义，言可复也。恭近于礼，远耻辱也。因不失其亲，亦可宗也。"

古语译读

有子说："讲信用要符合于义，这样的话才能实行；恭敬要符合于礼，这样才能远离耻辱；所依靠的都是可靠的人，也就值得尊敬了。"

古语智慧

诚信交友，礼法待人。向别人许诺时，一定要弄清自己许的诺是否合乎正义，不能实现的诺言最好不要轻易说出口，而说出口了就一定要践行。当然，也会有不能自查的时候，如果发现了，就要及时地改正错误，并不是所有的承诺都必须去践行的。与人交际时，不是面对所有人都必须温良恭俭让，而是要根据不同的环境，不同的对象，调整与之相处的方式方法。当然，有一个前提必须遵守，那就是要合乎礼数，这样才能向别人显示一个谦谦君子的形象。

十四

子曰：“君子食无求饱，居无求安，敏于事而慎于言，就有道而正焉，可谓好学也已。”

古语译读

孔子说：“对君子来说，饮食不要追求饱足，居住不要追求安逸，做事要勤敏，说话要谨慎，到有道的人那里去匡正自己，就可以说是好学了。”

古语智慧

吃饭是为了活着，但在孔子看来，活着却并不仅仅是为了吃得饱，住得安逸，这样做只能是碌碌无为而已。做人是要积极入世的，不仅要为了自己的生存而奋斗，更要探寻生存的意义，推而广之就是修身齐家治国平天下。这一道理延续至今天，是在告诉我们，首先要做好人，然后再去增长学问能力，如果不再局限于学习只是为了三餐温饱的境界，而是有了更高尚的追求，那我们才能算是一个真正对社会有用的人，如果人人如此，我们民族的精神文化才会迎来复兴的曙光。

十五

子贡曰："贫而无谄，富而无骄，何如？"子曰："可也；未若贫而乐，富而好礼者也。"

子贡曰："《诗》云：'如切如磋，如琢如磨'，其斯之谓与？"子曰："赐也，始可与言诗已矣，告诸往而知来者。"

古语译读

子贡说："虽贫穷，却不巴结奉承；虽富有，却不骄傲自大，这怎么样？"孔子说："已经不错了。但比不上贫穷却能乐道，富有却能好礼。"子贡说："《诗经》上说：'就像加工骨角、象牙、玉、石一样，要不停地切、磋、琢、磨'，说的就是这个意思吗？"孔子说："赐呀，可以开始和你讨论《诗经》了。告诉你一件，你能举一反三，加以发挥了。"

古语智慧

颜回是孔子最喜欢的徒弟，他曾这样赞美颜回："贤哉，回也！一箪食，一瓢饮，在陋巷，人不堪其忧，回也不改其乐。贤哉，回也！"由此可见，安贫乐道是孔子最为欣赏的一种品质。

世上富有的人与贫穷的人的比例总是失衡的，也就是说贫穷是大多数人所必须面对的事实。但贫穷又是相对的，单纯以金钱的多寡而来衡量是有失偏颇的。如果一个人能够时常以乐道好礼来鞭策自己，精神就会愉悦。贫穷不可怕，可以通过努力让生活得以改善，真正让人痛苦的是，虽然拥有很多财富，但在行为上却骄横无礼，那样他的内心是无法得到真正的安宁和喜悦的。

因此，做人要有一点精神，不要将自己的道义泯灭在物欲横流的洪流中，成为物欲的奴隶。君子当自强，居清贫而不失尊严，处富足而不骄奢。不沉沦，不丧志，不为富而不仁。

人物链接

子贡：姓端木名赐，字子贡，卫国人，小孔子 31 岁。子贡善辩，孔子认为他可以做大国的宰相。孔门十哲之一。

——十六

子曰："不患人之不已知，患不知人也。"

古语译读

孔子说："不怕别人不了解自己，就怕自己不了解别人。

古语智慧

有人成天哭喊："没人了解我！"哀叹自己"英雄无用武之地"。试问一下，曾经这样哀叹过的人，何曾真正去了解过自己，了解过他人，了解过社会？一味地怨天尤人，自怨自艾，除了会显示出你的不明事理之外，更有损君子的气度和学养。有道是：桃李不言，下自成蹊。一个成功的人，首先必须了解自身的才华，立足于自身的德行、才能的培养，这样才有资格和资本去得到别人的尊敬和赞叹。

为政篇

为政以德，众星拱之

《为政篇》主要讲述了孔子『为政以德』的思想、谋求官职和从政为官的基本原则、学习与思考的关系以及温故而知新的学习方法，同时对孝、悌等道德范畴进行了进一步的阐述。

立业德为主，修身德为先。以德修身，以德为政，政通民惠，则如同北极星独立苍穹，满天星辰拱之环绕而熠熠生辉。

为政贵在立德，做人同样德行为贵。良好的品行可以成就幸福的人生，用有限的生命实现无价的生命内涵。

一

子曰："为政以德，譬如北辰居其所而众星共之。"

古语译读

孔子说："（周君）以道德教化来治理国家，就会像北极星那样，自己居于一定的方位，而群星都会环绕在它的周围。"

古语智慧

为政者能实行德治，就如同照彻黑暗夜空的北极星，臣民都将紧随在其左右。德政的建立在客观上能促进政治的安定祥和，有益于百姓的生产生活。这样的为政之德也是大众所翘首期盼的，这也是千年前儒家所主张的以道德教化的治国原则。但是，结合当今的情况来看，德治只能算是治国原则中的一种，同时予以法治，才可以使社会变得民主、平等、和谐。

把这句话引申到现代企业管理中也是有一定意义的。作为一个管理者，要想管理好一个团队或组织，必须首先身体力行，成为下属的表率；同时要明白这个团队的使命和任务并且坚定不移地履行，就像天空中的北极星，永远处在应在的位置。

二

子曰："《诗》三百，一言以蔽之。曰：'思无邪'。"

古语译读

孔子说："《诗经》三百篇，用其中一句话来概括它，就是'思想纯正'。"

古语智慧

孔子所讲的“思无邪”主要体现在两个方面：一是文学创作理论上，即《诗经》的创作表现了真性情，在庞杂的内容中实现了“文以载道”，因此在客观效果上才体现出了“乐而不淫，哀而不伤”；二是思想上，虽然《诗经》中绝大部分写的都是男女情爱之事，但是内容却是纯真无邪的。

诗之言，凝练精准；诗之意，博远精深，言近而旨远。德之所立，在于思想的升华，在于淘洗心底的杂质，涤荡去心中欲望的邪念，使自己的思想纯正。因此，多读思想纯正的诗歌，可以帮助我们陶冶情操，拂拭心灵。

三

子曰：“道之以政，齐之以刑，民免而无耻；道之以德，齐之以礼，有耻且格。”

古语译读

孔子说：“用政治手段来治理他们，用刑罚来整顿他们，人民就只求免于犯罪，而不会有廉耻之心；用道德来治理他们，用礼教来整顿他们，人民就不但会有廉耻之心，而且还会人心归顺。”

古语智慧

孔子的这种“政”“刑”“德”“礼”的思想运用到现代企业管理中也是非常适合的。企业的各种规章制度就是“政”和“刑”，这是任何企业都必须具备的。但同时，因为管理的对象是人，所以如果仅仅依靠“政”和“刑”去管理人，肯定是行不通的。西方的许多管理学家很早就已经开始反思这个问题了，我们在借鉴其成功之道之时却不知道，其实，我们的先人早在几千年前就已经提出了这种管理思想，即孔子所讲的“德”和“礼”。因此，多读一读先贤的著作，管理者可以从中体悟到许多企业管理过程中的方法和技巧。当然，先贤的思想并不仅仅只限于管理，还有许多为人处世的方法和技巧等着我们去细细探寻。

四

子曰：“吾十有五而志于学，三十而立，四十而不惑，五十而知天命，六十而耳顺，七十而从心所欲，不逾矩。”

古语译读

孔子说：“我十五岁开始有志于学问。到三十岁，完全成熟。到四十岁，已经不会陷入迷惑了。到五十岁，懂得了天命。到六十岁，已经能理解和泰然地对待听到的一切。到七十岁，可以做到随心所欲，而又不越出应有的规矩。”

古语智慧

孔子用寥寥数语就概括了自己一生的生活经历和思想历程，这是一个随着年龄的增长，思想境界逐渐提高的过程。从孔子的人生历程中我们可以得出以下两个结论：第一，人的道德修养并不是与生俱来的，也不是一朝一夕就能得以完善的，而是要经过长时间的学习和锻炼，要有一个循序渐进的过程；第二，道德的最高境界是思想和言行的融合，自觉地遵守道德规范，而不是勉强去做。只有将这两点奉行到底，才有机会成为一个在道德修养上有所建树的人。

五

孟懿子问孝。子曰：“无违。”

樊迟御，子告之曰：“孟孙问孝于我，我对曰，无违。”樊迟曰：“何谓也？”子曰：“生，事之以礼；死，葬之以礼，祭之以礼。”

古语译读

孟懿子请教孝道。孔子说：“不要违背礼节。”

之后，樊迟为孔子驾车，孔子便告诉他说：“孟孙向我请教孝道，我回答不要违背礼节。”樊迟说：“这是什么意思？”孔子说：“父母在时，依照规定的礼节侍奉他们；父母死后，依照规定的礼节安葬他们，祭祀他们。”

古语智慧

生老病死，生命轮回，是父母给予我们生命，带我们来到这个五彩纷呈的世界。敬事父母，义不容辞。父母有生之年当尽孝养之心，终老殁世之时当行祭祀之礼，缅怀之意。

下面我们再来说说孝敬父母的“无违”。这里面有正反两层意思：一是我们不要违背父母的意愿，不要让父母生气伤心；二是在侍奉父母的时候也要运用一些智慧，比如说在父母有过错的时候，不要一味地迎合，而应该善意地提醒，以避免父母做出造成不良后果的行为。这样才是对父母真正的“无违”。

人物链接

孟懿子：姓仲孙，名何忌，“懿”为谥号。鲁国的大夫，孟孙氏是鲁国三家掌握实权的大夫之一，另外两家是季孙氏和叔孙氏。

樊迟：姓樊名须，字子迟。孔子的弟子，比孔子小 36 岁。

六

孟武伯问孝。子曰："父母唯其疾之忧。"

古语译读

孟武伯请教孝道。孔子说："要使父母只担心儿女的疾病，不必为其他方面的事担忧。"

古语智慧

从表面文字看来，孔子的这个回答有点让人摸不着头脑：孟武伯问什么是孝，孔子却回答说父母一心为儿女的疾病担忧。但稍加体会，我们就能明白孔子的这句看似答非所问的话其实蕴含着一个至深的道理。

孔子并没有直接说，孝就是善待父母，尊敬父母，供养父母，而是从生活中一个细节入手，体现出了孝的本义：想知道什么是孝吗？只要想一想你生病的时候父母为你担忧的心情，你就会知道答案了。也就是说，所谓孝在乎的不是对父母爱心的回报，而是要记得自己生病时父母是如何的焦急，然后以同样的心情对待父母就可以了。这种心情每个人都应该深有体会：当年幼的我们因生病躺在病床的时候，父母总是会满怀爱怜地给我们喂汤喂药，给我们讲故事，答应我们一些过分的小要求……这一幕幕温馨的场面，不是时常会在我们的脑际萦回，在文学家的笔端流淌吗？记得这些，然后以同样的心情和行动去回报父母，这就是孝了。

人物链接

孟武伯：名彘（zhì），“孟”是姓氏，“武”是谥号，“伯”则是指他的排行。他是孟懿子的嫡长子，鲁国“世家公子”。

七

子游问孝。子曰：“今之孝者，是谓能养。至于犬马，皆能有养；不敬，何以别乎？”

古语译读

子游请教孝道。孔子说：“现在的所谓孝道，只看作能够养活父母就行了。其实，就是犬马也都能得到喂养。如果对父母缺乏敬爱之心，那供养父母与饲养犬马有什么区别呢？”

古语智慧

孔子的这段话说出了两个层次的含义：第一，看一个人孝顺与否，主要是看他在父母年老的时候能不能赡养他们；第二，赡养父母是应该的，但是如果只是像饲养犬马那样停留在给予温饱的程度上，是不能算作孝的，也就是说，赡养父母如果没有情感因素在里面，那么就不是完整的孝道。

可惜的是，当今社会许多人对待父母的态度都极其冷漠，逃避赡养义务的人大有人在。如果实在逃不了，也仅仅是供父母以物质需求，在情感上却十分吝啬，不与父母沟通情感这样的赡养只能是片面和残缺的。想想我们小时候，父母是怎样呵护我们，陪伴我们，宠爱我们的？如果我们能做到父母对我们的万分之一，对父母来说也称得上是极大的安慰了。而这，也才称得上是真正的孝。

人物链接

子游：姓言，名偃，字子游，也称“言游”“叔氏”，春秋末吴国人。与子夏、子张齐名，孔子的著名弟子，孔门十哲之一。

八

子夏问孝。子曰：“色难。有事，弟子服其劳；有酒食，先生馔(zhuàn)，曾是以为孝乎？”

古语译读

子夏请教什么是孝道。孔子说：“孝道难就难在子女在父母面前总能保持和颜悦色。仅仅碰到事情由子女效劳，遇到好吃好喝的，让年长的享用，难道这样就算尽孝道了吗？”

古语智慧

民谚道：“久病床前无孝子。”病榻前侍汤奉药的孝子大多会在时间的消磨中感到疲惫，于是眉头便开始紧蹙，声嗓便开始粗大，心头也会随之滋生出厌倦和逃避。要知道，所谓孝，并不仅仅在于供养父母吃喝，帮助父母办事，还在于对待父母的态度。例如，当我们下班回到家，感觉很累，这时候父亲让我们去给他倒一杯茶，或许我们会照做，但是把茶端过去的时候，却大多会沉着脸，语气生硬地说：“喝吧。”在我们这样的态度下，试想父母心里该是何种感受？伤心、难过是必不可少的。所以，孝敬，孝敬，没有敬，怎能算得上是孝呢？

人物链接

颜回：字子渊，亦颜渊，孔子最得意弟子。春秋末鲁国人。为人谦逊好学，异常尊重老师，对孔子无事不从，无言不悦。以德行著称，不幸早逝。位列孔门七十二贤之首。

九

子曰："吾与回言终日，不违，如愚。退而省其私，亦足以发，回也不愚。"

古语译读

孔子说："我整天同颜回讲学，他从不提出反问，像个愚钝的人。等他退下去，我考察他与别人私下的讨论，却也能进行发挥，可见颜回并不愚钝。"

古语智慧

对老师人格的敬仰，治学精神的崇拜无可厚非，但如果因为对老师的顶礼膜拜而致使自己故步自封，就十分可惜了。接受教育的同时，还要开动脑筋，思考问题，对老师所讲的问题应当有所发挥。对学术的怀疑和思辨，将促使学业的进步。

十

子曰："视其所以，观其所由，察其所安。人焉廋（sōu）哉？人焉廋哉？"

古语译读

孔子说："观察他做的是什么，再考察他用什么途径去做，再考察他这样做的心理动机。那么，这个人还能如何隐藏呢？这个人还能如何隐藏呢？”

古语智慧

一个人的修养如何，往往可以从外在表现观察出来，话未出口，先有三分气象，举手投足，已露七分心机。所以，要想了解一个人，不但要听其言、观其行，还要看他做事的心境，这样才能真正辨明是非，看清曲直，做到不被迷惑，不被利用。

这个道理在企业管理中非常适用。管理者用人不能仅看表面的东西，还应该通过工作中的各种表现看到其本质。总之，管理的核心问题就是研究人的问题，如果能贯彻孔子所讲的“视其所以，观其所由，察其所安”，就能用对人，企业也就有了希望。

十一

子曰：“温故而知新，可以为师矣。”

古语译读

孔子说：“能够在温习旧知识时有新的体会和发现，就可以做老师了。”

古语智慧

“温故而知新”是孔子对我国教育学的重大贡献之一，在他看来，只有不断温习所学过的知识，才能获得更多的新知识。这种学习方法不仅在封建时代有其价值，在几千年后的今天仍然实用。学习贵在创新，“温故而知新”正是创新必须要经过的一条路。在熟练掌握已有知识的基础上开拓视野，打破常规，才能得以创新发展。

十二

子曰："君子不器。"

古语译读

孔子说："君子不应当像器皿一样（只供一定用途）。"

古语智慧

君子是孔子心目中具有理想人格的人，是能够肩负起治国安邦之重任的人。对内可以妥善处理各种政务；对外能够应对四方，不辱君命。而要想达成这一目标，就不能局限于某一方面，而应当博学多才。

孔子的这一论调在今天仍然适用，作为掌权者，管理者，必须能够通观全局、领导全局，这样才能成为合格的领导者。

十三

子贡问君子。子曰："先行其言而后从之。"

古语译读

子贡问如何才算是君子。孔子说："应做到先实行了你所要说的话，再把这话说出来。"

古语智慧

孔子这段话的意思概括起来就是：要实干，不要空谈。这一道理在当今社会依然适用，无论是在国家建设，企业建设还是个人成长的过程中，实干都是必经途径，空谈都是必须要摒弃的。

十四

子曰："君子周而不比，小人比而不周。"

古语译读

孔子说："君子用道义来团结大多数人，而不是用利益去聚拢一小撮人；小人则用利益去勾结别人，却不用道义去团结大家。"

古语智慧

孔子讲的这番道理，很鲜明地揭示了君子与小人的区别：君子重义，小人重利。但是，把这一道理运用到今天，或许就会有人提出异议了：现代社会竞争激烈，大家出来谋生都不容易，工作不好找，工资长不高，可是老板一面天天跟你讲仁义道德，一面却迟迟不发工资，这样的话，谁还跟他混呢？正所谓"人为财死，鸟为食亡"，道义能当饭吃吗？因此，很多人都会对孔子的这番话提出异议。

然而这样想却是有失偏颇了，而且也误了孔子的原义。孔子并不是反对利益的获取，只不过是更加强调利益获取的正当性而已。也就是说，获取利益可以，但是要通过正当的途径，以道为指导，而不应该采用非道义，甚至卑劣的手段去获取。

十五

子曰："学而不思则罔，思而不学则殆。"

古语译读

孔子说：“只读书而不思考，就会受骗；只思考而不读书，就有危险。”

古语智慧

一味地读书，而不思考，只能被书本牵着鼻子走，也会被书本所累，从而受到书本表象的迷惑而不得其解。而只是一味地埋头苦思而不进行一定的书本知识的积累，也只能是流于空想，问题仍然不会得到解决，从而产生更多的疑惑而更加危险。只有把学习和思考结合起来，才能学到有用的真知。孔子所提出的这种学习方法历经千年而不衰。

因此，在日常的学习、生活和工作中，我们要通过不断的学与思，不断的反省、思考、探索、寻找解决问题的新方法、新途径。这样才能让认识不断提高，经验不断充盈，知识不断更新。

十六

子曰：“攻乎异端，斯害也已。”

古语译读

孔子说：“研究透奇异和极端的东西，这些祸害就可以消除了。”

古语智慧

对事物所持观点可以相左，但做人必须中正。这个世界上没有绝对的真理，因此，不要固执一念，更不要心存偏颇一味地否定他人，攻击别人对人对己都没有任何好处。

十七

子曰："由！诲女知之乎！知之为知之，不知为不知，是知也。"

古语译读

孔子说："由！我把对待知与不知的正确态度教给你，你明白了吗！知道就是知道，不知道就是不知道，这才是明智的。"

古语智慧

世界如此之大，知识如此之博，对于每个人来说，未知的东西都要远比已知的事物多，没有人能够尽窥天地奥秘，悉知万物本源。因此，切记不可装腔作势，不懂装懂，这样不但害人，也将毁了自己。敢于对自己不懂的问题说不知道，不只是治学诚实的精神，负责的态度，严谨的作风，更能体现一种器量，一种风范和境界。

十八

子张学干禄。子曰："多闻阙疑，慎言其余，则寡尤；多见阙殆，慎行其余，则寡悔。言寡尤，行寡悔，禄在其中矣。"

古语译读

子张向孔子学习求取俸禄的方法。孔子说："多听，有怀疑的地方先予以保留，对其余的谨慎地说出，这就能减少过失；多看，有疑惑的地方先予以保留，对其余的谨慎地实行，这就能减少懊悔。言语少过失，行为少懊悔，俸禄就在里边了。"

古语智慧

儒家的思想是修身齐家治国平天下，出仕做官是实现这一理想的重要途径。孔子倡导“学而优则仕”。在他看来，弟子们学好了本领是应该报效国家的。同时他又告诫弟子，为官是不容易的，应该做到凡事小心谨慎，这样才能算是一个称职的官员。

把这一道理引申到现代，就是在告诫人们，要始终记得“小心驶得万年船”的道理，无论在工作中还是生活中，都要做到谨慎为人，谨慎办事，这样才能真正有所收获，也是个人对国家负责的态度。

人物链接

子张：即颛孙师，字子张，孔门弟子之一。春秋末陈国阳城人。子张好学深思，喜欢与孔子讨论问题。孔门七十二贤之一。

十九

哀公问曰：“何为则民服？”孔子对曰：“举直错诸枉，则民服；举枉错诸直，则民不服。”

古语译读

鲁哀公问孔子说：“怎样做才会得到百姓的拥护？”孔子回答说：“把正直的人提拔出来，放在邪恶的人之上，百姓就会拥护；把邪恶的人提拔出来，放在正直的人之上，百姓就不会拥护。”

古语智慧

做一个贤明、公正的人是不容易的。现实生活中，许多人在看到官员作风不正的新闻时，总是会说，要是我到了那个位置，一定公正廉明。可是真的到了那一天，却很少有人能做到绝对公正。因为人们总是会受人情的包围，比如，人家送个高帽子，心里明知道是奉承话，可还是会听得很舒服，结果在人家的请求下，有些事情就没办法做到公正了；再比如，把这种言语上的高帽子换成实际的钱财，有些人或许干脆就会把原则丢在一旁了。由此可见，做一个正直、贤明的人是十分不易的。但正因为不易，我们才要敢于去尝试，去努力，去实践。

二十

季康子问："使民敬、忠以劝，如之何？"子曰："临之以庄，则敬；孝慈，则忠；举善而教不能，则劝。"

古语译读

季康子问孔子："要使人民对在上者敬重、忠诚并勤勉办事，应该怎么做？"孔子说："以严肃的态度对待他们，他们对你就会敬重；以敬老爱幼的胸怀对待他们，他们对你就会忠诚；提拔正直善良的人，教育能力不足的人，他们就会勤勉办事了。"

古语智慧

自修其德、以德行政。庄重与孝慈是为政者德行修养的重要方面。处事认真、待人诚敬，自然可以受到百姓的敬重；敬重上级、关怀部属，用仁爱之心造福百姓，自然能够得到百姓的拥护。选贤任能，倡导德育，使众人都能见贤思齐、上行下效，社会风气就会不断改善。

人物链接

季康子：姓季孙，名肥，康为其谥号。鲁国大夫，鲁哀公时任正卿，是当时鲁国政治上最有权势的人。

二十一

或谓孔子曰："子奚不为政？"子曰："《书》云：'孝乎惟孝，友于兄弟，施于有政。'是亦为政，奚其为为政？"

古语译读

有人对孔子说："你为什么不参与政治？"孔子说："《尚书》上说：'孝呀，只有孝顺父母，友爱兄弟，把这种风气影响到政治上去。'这也就是参与政治了呀，为什么一定要做官才算参与政治呢？"

古语智慧

孔子论政，常以政治为人道中一端，因此，孔子虽重政治，其实更重人道。儒家孝忠悌文化，影响了国人两千余年，至今仍然发挥着积极的作用。孔子虽然官当的不大，但其儒家的学说是积极入世的哲学，孔子也有着知其不可而为之的信念。因此，不管别人怎样看待孔子，至少孔子自信是以自己的方式参与着政治的。

有时候，我们做一些事情不一定能够获得别人的理解。走自己的路，让别人说去吧。

二十二

子曰："人而无信，不知其可也。大车无輗（ní），小车无軏（yuè），其何以行之哉？"

古语译读

孔子说："做一个人，却不讲信用，我不知道那怎么行得通！这就像大车上缺少輗，小车上缺少軏，这车怎么走呢？"

古语智慧

夫子认为，信是人立身之本，处世之基。做人谦恭诚信，一言脱口，似金石落地，铿锵有声。在古代"信"已与曾经的言说内容无关了，只有道义在召唤，最后，只剩下对自己人格的守卫，利益不顾，生死从容。在今天，诚信素质仍然是公民社会道德素质最重要的内容。可见，无论过去、现在还是将来，信义都是做人的根本。

二十三

子张问："十世可知也？"子曰："殷因于夏礼，所损益，可知也；周因于殷礼，所损益，可知也。其或继周者，虽百世，可知也。"

古语译读

子张问："今后十代（的礼仪制度）可以预先知道吗？"孔子说："殷朝沿袭夏朝的礼仪制度，所废除的，所增加的，是可以知道的；周朝沿袭殷朝的礼仪制度，所以废除的，所增加的，也是可以知道的。那么，假定有继承周朝而当政的人，就是以后一百代，也是可以预先知道的。"

古语智慧

这里孔子提出一个重要概念：损益。其含义为增减、兴革，即对前代典章制度、礼仪规范等有继承、沿袭，也有改革、变通。由此可见，孔子并不是顽固保守派。

引申到今天，孔子这一理论无论在工作还是生活中依然值得提倡，即要想获得发展，就要有创新和变革。

二十四

子曰："非其鬼而祭之，谄也。见义不为，无勇也。"

古语译读

孔子说："不是自己应该祭祀的鬼神，却去祭祀他，这是献媚。眼见应该挺身而出的事情，却袖手旁观，这是怯懦。"

古语译读

无论是"谄"还是"怯懦"，大概都是一个原因造成的，就是内心有妄想，有执着。因此，我们一定要时刻检讨自己，面对显贵，不要去谄媚逢迎；面对不公时，要挺身而出，尽自己的微薄之力。

八佾篇

以仁为本，以礼为用

《八佾篇》主要讲述了『礼』的问题，主张维护礼在制度上、礼节上的种种规定；同时包含了孔子『君使臣以礼，臣事君以忠』的政治道德主张。『礼』是中国文化思想中重要的一个环节，也是孔子思想实现『仁』的主要途径。

『人而不仁，如礼何？』『仁』作为孔子思想的的核心，注重人内在精神的修养。『仁』是一种博爱，一种大爱，而『礼』『乐』只是外在形式的体现。注重艺术形式外在美的同时，更应重视艺术内容的德与善。外表的礼节仪式要同内心的道德情操相统一，『绘事后素』，如同绘画一样，质地如果不洁白，就不会画出丰富多彩的图案来。

一

孔子谓季氏，“八佾（yì）舞于庭，是可忍也，孰不可忍也？”

古语译读

孔子谈起季孙氏，说道：“季孙氏在自家庙庭中使用只有天子才能用的八列舞队，这种事都忍心做出来，还有什么不能忍心做出来呢？”

古语智慧

乐是表达人们内心情感的一种形式，属于孔子所倡导的“礼”的范畴，礼之仪式只是表达乐之形式，而其根本不在于形式而在于内心，真正的内涵是内心仁德的反应。如果一个人没有仁德，就无从谈起礼、乐的问题。

现代社会，规矩太多则显得古板不灵，但为人的准则要守住，而表面的规矩大可以不要太过在意。

二

三家者以《雍》彻。子曰：“‘相维辟公，天子穆穆。’奚取于三家之堂？”

古语译读

仲孙、叔孙、季孙三家，当他们祭祀祖先的时候，（也用天子的礼），唱着《雍》这篇诗来撤除祭品。孔子说：“（《雍》诗上有这样的话：）‘助祭的是诸侯，天子严肃静穆地在那儿主祭。’这两句话，用在三家祭祖的大厅上在意义上取它哪一点呢？”

古语智慧

在这一章中，孔子主要谈的就是鲁国当政者违“礼”的事件。孔子对这些越礼犯上的举动十分愤慨，他认为，天子应有天子之礼，诸侯应有诸侯之礼，各守各的礼，才可以使天下安定。用今天的话来说，就是“没有规矩，不成方圆”。

三

子曰：“人而不仁，如礼何？人而不仁，如乐何？”

古语译读

孔子说：“做人却没有仁心，会怎样对待礼制呢？做人却没有仁心，会怎样对待音乐呢？”

古语智慧

仁，是一个人的内心世界，礼和乐，是一个人的外在表现。一个人对别人是不是真诚，很大程度上取决于是否有诚意。有些人在领导面前言听计从，背后却指指点点；有些学生在校时对老师毕恭毕敬，一跨出校门就对老师说三道四。这样的礼貌是没有意义的，只是敷衍而已，更是在欺瞒师长，欺瞒自己。

皮之不存，毛将焉附？如果丧失了礼的精神实质，留着这种礼仪形式又有何用？

四

林放问礼之本。子曰：“大哉问！礼，与其奢也，宁俭；丧，与其易也，宁戚。”

古语译读

林放问礼的根本。孔子说：“这个问题很重大！就一般礼仪而言，与其过分铺张，宁可俭朴；就丧礼而言，与其过于操办，宁可过于哀戚。”

古语智慧

孔子所倡导的礼，根本就在于俭、戚。无须隆重、矫情，无须表面虚饰。尤其就葬礼而言，更应该提倡俭、戚。因为丧礼的意义在于真正感受到失去亲人时内心的悲哀，而不是用过于繁复、盛大的形式以及悲恸震天的哭声来渲染的，这些形式都是做给外人看的，顾及的只是面子问题。因此，孔子的这番话对于如今那些对亲人的葬礼大肆进行操办的人来说是一个警示。

人物链接

林放：字子邱，春秋鲁国人，是孔子得意门生，孔门七十二贤之一。

五

子曰：“夷狄之有君，不如诸夏之亡也。”

古语译读

孔子说：“文化落后的国家虽然有个君主，还不如中原诸国没有君主的哩。”

古语智慧

在孔子的思想里，有强烈的“夷夏观”，后来又逐渐形成“夷夏之防”的传统观念。他认为，有礼乐文明传统的“诸夏”即使没有君主，也比虽有君主但没有礼乐的“夷狄”要好。这种观念是大汉族主义的源头。

当然，时至今日，这种观念已经不再符合国际交际的发展趋势。因此，对于传统的文化和思想，我们应该做到“取其精华，去其糟粕”。

六

季氏旅于泰山。子谓冉有曰：“女弗能救与？”对曰：“不能。”子曰：“呜呼！曾谓泰山不如林放乎？”

古语译读

季氏要去祭祀泰山。孔子对冉有说道：“你不能阻止吗？”冉有答道：“不能。”孔子道：“哎呀！竟可以说泰山之神还不及林放（懂礼，居然接受这不合规矩的祭祀）吗？”

古语智慧

孔子在运用礼的方面从来都是毫不含糊，无论看到任何人有了逾礼的行为，他都会严厉地予以批评，即使对方是豪门权贵。孔子的这种骨气和勇气，都是值得我们推崇和学习的。

七

子曰：“君子无所争。必也射乎！揖让而升，下而饮。其争也君子。”

古语译读

孔子说："君子没有什么可争的事。如果有所争，必定是比射箭了。（但即使是比射箭），双方也作揖相让才登堂，射完后，又相互作揖而下堂，然后饮酒。这样的竞争，也是君子之争！"

古语智慧

孔子的思想不主张"争"，因为有"争"就要分出高下，就容易导致群体不和，所以要礼让谦和。但乍一看来，这一道理放在今天似乎有些不太适用，因为现在的社会是一个时时处处充满竞争的社会，孩子从小上学就开始竞争，中考高考更要竞争，毕业进入社会、进入职场竞争会更加激烈，如果不懂得竞争之道，那岂不是会一直处于劣势，输给别人？

其实，这样理解孔子的话就有些片面了，而且毕竟几千年前的农耕社会和现代的商业社会在属性上是有着巨大差别的：孔子所处的农耕社会，生产力低下，需要的是保守性的群体协作，所以，相对于竞争，团结和睦对当时的社会发展来说更加有利；而在如今的商业社会里，竞争则是第一位的，比如说做企业，谁的产品质量好，创意好，宣传好，谁就会在商业竞争中胜出，占领市场；再比如说员工之间的竞争，谁的工作能力强，责任心重，创新意识超前，谁就会得到老板的重用，等等。

而且孔子所讲的谦逊礼让，也并非是完全拒绝竞争，抑制人们内心的积极进取和勇于开拓的精神，而是要用宽宏之雅量，秉持礼仪之谨敬、庄重，互致谦让。即使竞争，也要不逾礼，不妄为。终保持君子之风度，从容大度，相互尊重有礼。

八

子夏问曰："'巧笑倩兮，美目盼兮，素以为绚兮。'何谓也？"子曰："绘事后素。"

曰："礼后乎？"子曰："起予者商也！始可与言《诗》已矣。"

古语译读

子夏问孔子说："'漂亮的脸儿笑起来真是美呀，黑白分明的眼睛转起来真迷人呀，本色才是最绚丽的呀！'这说的是什么意思？"

孔子说："绘画之事在本色之后。"子夏说："莫非礼乐也在仁义忠信之后吗？"孔子说："能启发我的人是你。现在可以与你讨论《诗经》了。"

古语智慧

孔子认为，礼节仪式应同内心的情操相一致，如同绘画一般，质地不洁白，就画不出丰富多彩的图案。唯有知识才可以改变一个人内在的气质，纯净人的心灵，唯有礼能使人的情操高尚。精神的文雅，永远充满着思辨的趣味，洋溢着智慧的碰撞，使交谈双方能以一种令人欣悦的方式谈论那些美好的事物或情感。

九

子曰："夏礼，吾能言之，杞不足征也；殷礼，吾能言之，宋不足征也。文献不足故也。足，则吾能征之矣。"

古语译读

孔子说："夏代的礼，我能说出来，它的后代杞国不足以做证；殷代的礼，我能说出来，它的后代宋国不足以做证。这是他们的历史文献和贤者不够的缘故。若有足够的文献和贤者，我就可以引来做证了。”

古语智慧

中华民族上下五千年，历史文化从未断绝，但是，有充足历史文献记载的是从夏朝开始的，距今约四千年。即便如此，也是其他任何一个国家都不能比拟的。因此，作为一个中国人，拥有世界上最长的文明史，我们完全有理由骄傲和自豪，所以，对于传统文化和思想更应该继承和弘扬下去。

一十

子曰：“禘（dì）灌而往者，吾不欲观之矣。”

古语译读

孔子说：“禘祭的礼，从第一次献酒以后，我就不想看了。”

古语智慧

在孔子的思想深处，永远有这样一个理念，那就是：让那些懂得礼仪规范的人执政治国，那样就可以使天下有道了。这是孔子的政治理想和追求，他一直为此而不断努力。

孔子所推崇和遵循的“礼”，用今天的观念来理解，与法制法规相类似，如果整个社会，人人都遵守法律法规，那么何愁国家不发展、不强大呢？

十一

或问禘之说。子曰："不知也；知其说者之于天下也，其如示诸斯乎！"指其掌。

古语译读

有人向孔子请教关于禘祭的理论。孔子说："我不知道；知道的人对于治理天下，会好像把东西摆在这里一样容易吧！"一面说，一面指着手掌。

古语智慧

其实，鲁国作为诸侯国实行天子的礼乐，本来就是僭越了。但鲁国毕竟是孔子的祖国，所以，当有人向他询问禘祭之事的时候，他只是回答说不知道，因为批评自己祖国的话自然不能对外人讲。

暂且抛开孔子这样做于礼于法是否妥当，只说他不说有损国家言论的这种做法却是十分值得我们推崇的。现实生活中，我们也要引以为戒，往大的方面说，我们也要做到不在背后说一些有损国家的话，做一些有损国家的事情；往小的方面说，作为组织的一名成员，我们也要做到不在背后说诋毁组织的话，不做诋毁组织的事情。

十二

祭如在，祭神如神在。子曰："吾不与祭，如不祭。"

古语译读

孔子祭祀祖先的时候，好像祖先真的在那里；祭祀神灵的时候，好像神灵真的在那里。孔子说："我若不亲自参加祭祀，祭了就如不祭一般。”

古语智慧

祭祀是表达对逝去亲人先祖的怀念之情的一种仪式。仪式只是表象，感情才是祭祀的实质。也就是说，当我们进行祭祀的时候，一定要表现得被祭祀的对象就在身边一样，然后从心底里真正发出对他们的追思和怀念，如果只是流于形式，那就失去祭祀真正的意义了。

十三

王孙贾问曰：“与其媚于奥，宁媚于灶，何谓也？”子曰：“不然；获罪于天，无所祷也。”

古语译读

王孙贾问孔子说：“与其讨好奥，不如讨好灶。这话是什么意思？”孔子说：“这话不对。如果得罪于上天，到哪里祷告都没有用。”

古语智慧

要想深刻体会孔子这段话的意思，我们得先来了解一下他说出这番话的来龙去脉。孔子周游列国时，来到卫国，颇受卫灵公尊敬。灵公夫人南子，品行不端，但才能颇盛，故想借孔子之名以壮自己声势，于是她便召见了孔子。当时王孙贾为卫国大夫，他见孔子来拜见南子，以为孔子是来求官的。于是便对孔子说：与其媚奥（位于居室西南隅的一家主神），不如媚灶（低一个品级的灶神）。王孙贾将南子比喻为奥，将自己比喻为灶，意思是说，你去求南子不如来求我，我是权臣，现官不如现管。但孔子对他的这番论调却十分不屑：我觉得你说的不对，如果违背了理，那么无论是“媚于奥”还是“媚于灶”都是没有用的。孔子的潜台词很明显：我只信奉礼，对于尔等小人根本不屑一顾。

孔子是在教导我们，行的要正，坐的要端，凡事要无愧于心，不媚不谄。

十四

子曰：“周监于二代，郁郁乎文哉！吾从周。”

古语译读

孔子说：“周朝的礼仪制度是以夏商两代为根据，然后制定的，多么丰富多彩呀！我主张周朝的。”

古语智慧

在孔子看来，周朝的文化是建立在夏、商两朝的基础之上，而且更注重人文教化，所以作为周朝的子民，他当然推崇周朝的礼制。

这句话紧接上句，从宗教、鬼神谈到了人文，相比之下，孔子更注重人文文化。虽然历经千年，但孔子推崇的这种人文精神同样是现代人需要继承和发扬的。

十五

子入太庙，每事问。或曰：“孰谓鄹（zōu）人之子知礼乎？入太庙，每事问。”子闻之，曰：“是礼也。”

古语译读

孔子到了周公庙，每件事情都发问。有人便说："谁说叔梁纥的这个儿子懂得礼呢？他到了太庙，每件事都要向别人请教。"孔子听了这话，便道："这正是礼呀。"

古语智慧

孔子是知礼懂礼守礼的典范，而且他所遵循的礼，并不只是朝堂之上的所谓大礼，同样也包括一些日常工作、生活中的小礼，小细节，比如，从来不会不懂装懂，有不知道就会向人请教。如果说遵循礼法与如今的遵守法律意义相似，那么孔子的做法就是在告诫我们，"不以恶小而为之"，不要以为小错误、小罪恶就可以轻易去触碰。

十六

子曰："射不主皮，为力不同科，古之道也。"

古语译读

孔子说："比箭不必一定要穿破箭靶，因为各人的力气大小不等。这是自古以来的规矩。"

古语智慧

一个人的能力有大小，天赋有差异，所以不必在乎一时一事的成败。在这个竞争激烈的社会中，不论胜负都要保持自己的尊严，都要保持自己谦谦君子之气度。命运就在自己的手中，人生之路各异，淡化虚幻，在艰辛中品味人生，在踏实的生活中提升自我的人格，才能收获内心的美好和光明的前景。

十七

子贡欲去告朔之饩（xì）羊。子曰：“赐也！尔爱其羊，我爱其礼。”

古语译读

子贡要把鲁国每月初一告祭祖庙的那只活羊去而不用。孔子道：“赐呀！你可惜那只羊，我可惜那种礼呀。”

古语智慧

几千年前鲁国的国君在面对祭祀这样的国之重事时，已经不再亲自去主持和参加，于是“告朔”就变成了一种形式。子贡对此十分愤慨，于是建议把祭祀用的活羊去掉，但孔子却坚决不同意。且不论孔子的这种做法是否迂腐，他对“礼”的虔诚捍卫却是值得称道的。

如今，在这个物欲横流的社会，越来越多的人沉迷在纷繁复杂的信息中，信仰和虔诚之心似乎离他们也越来越远了。为了防止偏离正确的人生轨迹太远，我们应该向孔子学习：一、对事业要抱有虔诚之心；二、对道德信念要时刻坚守。

十八

子曰：“事君尽礼，人以为谄也。”

古语译读

孔子说：“完全按照礼节服事君主，别人却以为你在谄媚。”

古语智慧

几千年前的君臣关系就像今天的领导和下属的关系一样，我们可以从孔子的智慧中得到许多启发：如下属对领导要有礼数，但切不可以谄媚和巴结来博得领导的欢心；领导要对下属严格要求，但不可颐指气使。总之领导的下属的关系也应该是某种平等的关系，大家各司其职，通力合作。这样才能保证企业和机构的顺利发展和壮大。

十九

定公问："君使臣，臣事君，如之何？"孔子对曰："君使臣以礼，臣事君以忠。"

古语译读

鲁定公问："君主使用臣子，臣子服侍君主，各应该怎么样？"孔子答道："君主应该依礼来使用臣子，臣子应该忠心服侍君主。"

古语智慧

"君使臣以礼"，就是说，作为领导，面对下属时一定要以礼相待。只有这样，才能让下属从内心感受到领导对他的尊重、关爱，才能与下属达成良好的合作关系，从而更有效地开展工作。

"臣事君以忠"，就是说，作为下属，我们要尊重上级的决定，服从上级的安排。不管是行政机关还是企业团体，下级服从上级都是现代化组织得以正常运行的保证。

如果领导和下属都能够依此法而行之，那么就能更好地维护集体的利益，使组织得到更长远的发展。

二十

子曰："《关雎》，乐而不淫，哀而不伤。"

古语译读

孔子说："《关雎》这首诗，快乐而不放纵，悲哀而不伤痛。"

古语智慧

古人非常重视家庭伦理，找到志同道合的伴侣是古人梦寐以求的事情。古时候男主外，女主内，侍奉老人，教育孩子的重任基本都落在了女人身上，因此每个男人都想找到一位温良贤淑的妻子。窈窕不是指身材娇好，窈是指女子心灵美，窕是指女子仪表美，窈窕是形容女子有道德，有教养，能教育出圣贤之子，能做天下人的榜样。君子求淑女，同时也在修身，做好自己，才能求得贤妻，君子齐家，应该从这里开始。

古人的这一风尚值得我们推崇，只不过时代已变，男女平等，我们自然不用非要按照古人"男主外、女主内"的形式来配置家庭属性，但古人崇尚家庭和睦的传统我们是必须要坚定继承的。家庭是社会的细胞，如果每一个细胞都充满健康，充满活力，那么我们的社会又怎么能不越来越欣欣向荣呢！

二十一

哀公问社于宰我。宰我对曰："夏后氏以松，殷人以柏，周人以栗，曰，使民战栗。"子闻之，曰："成事不说，遂事不谏，既往不咎。"

古语译读

鲁哀公向宰我问，作社主用什么木。宰我答道："夏代用松木，殷代用柏木，周代用栗木，意思是使人民战战栗栗。"孔子听到了这话，（责备宰我）说："已经做了的事不便再解释了，已经完成的事不便再挽救了，已经过去的事不便再追究了。"

古语智慧

要弄清孔子所要表达的意思，就要结合当时的社会情况去了解了。鲁哀公在位时，鲁国大权被三家士大夫把持，哀公曾经试图恢复君权，因此以祭社的名义向宰我请教，宰我虽然没明说，但实际上是支持哀公夺政的。表面上看，孔子对这件事未置可否。

接下来，哀公与掌权的士大夫进行了激烈的冲突，结果却失败流亡越国。那么，孔子为什么对此事未置可否呢？其实回顾一下历史就会明白，早在鲁定公时，孔子就曾建议定公要逐步削弱季氏三家的权力，因为当时三家势力初成，及时削弱，胜算更大。但到了哀公时，三家实力已经越来越雄厚，即便采取激烈手段也很难成功了，因此孔子并没有积极地赞成此事。

从这件事中，我们应该悟出一个道理：要时刻注意细节的发展，微小的变化，并加以修正，不要等到事态扩大了、隐患形成了，再想办法解决，因为到那时再采取行动就为时已晚了。

二十二

子曰："管仲之器小哉！"

或曰："管仲俭乎？"曰："管氏有三归，官事不摄，焉得俭？"

“然则管仲知礼乎？”曰：“邦君树塞门，管氏亦树塞门。邦君为两君之好，有反坫（diàn），管氏亦有反坫。管氏而知礼，孰不知礼？”

古语译读

孔子说：“管仲的器量狭小得很呀！”

有人便问：“他是不是很节俭呢？”孔子道：“他收取了人民大量的市租，他手下的人员（一人一职），从不兼差，如何能说是节俭呢？”

那人又问：“那么，他懂得礼节吗？”孔子又道：“国君宫殿门前，立了一个塞门；管氏也立了个塞门；国君设宴招待外国的君主，在堂上有放置酒杯的设备，管氏也有这样的设备。假若说他懂得礼节，那谁不懂得礼节呢？”

古语智慧

在这里，孔子批评了管仲的不节俭和不乱礼的行为。或许有人会认为孔子是看不上管仲的，其实不然，综合来看，孔子对管仲的评价还是相当高的。当孔子的弟子子路、子贡出来抨击管仲的时候，孔子总是会出来为他辩解，说管仲是大“仁”之人。正所谓“唯仁者，能好人，能恶人”，真正的君子在评价人的时候不会因为其缺点而否定其优点，也不会因为其优点而遮蔽其缺点。由此我们可以看出孔子高尚的人格。

著名的管理学大师德鲁克在指导管理者时同样持有这种观点，在他看来，卓有成效的管理者首先一定要懂得“用人之长”。每个人都会有不足，但作为管理者，要首先聚焦于人的长处，并使其具有生产力，即让平凡的人做出不平凡的事，这样才能更积极地发挥组织的最高效力。

二十三

子语鲁大师乐，曰："乐其可知也：始作，翕（xī）如也；从之，纯如也，皦（jiǎo）如也，绎如也，以成。"

古语译读

孔子告诉鲁国太师关于音乐的见解，说："音乐是可以知道的：开始演奏时，听众闻钟声而精神一振，接着八音齐奏，和谐纯如，音节明晰，络绎不绝，这便完成了。"

古语智慧

古时候的礼制有礼乐之称，礼与乐通常是结合在一起的。听一个国家的音乐，就可以知道这个国家的兴衰，如果靡靡之音盛行，必然会影响国民的心态，埋下动乱的种子，如果音乐常有浩然正气，必然会振奋人心，治国兴邦，正是这个道理。

对于我们现代人来说，虽然不必在赋予音乐太多的负荷，只要能够让我们心情获得舒缓，感受生活的美好，感悟人性的善与美，即足矣。

二十四

仪封人请见，曰："君子之至于斯也，吾未尝不得见也。"从者见之。出曰："二三子何患于丧乎？天下之无道也久矣，天将以夫子为木铎。"

古语译读

仪这个地方的边防官请求孔子接见他，说道："所有到了这个地方的有道德学问的人，我从没有不和他见面的。"孔子的随行学生请求孔子接见了他。他辞出以后，对孔子的学生们说："你们这些人为什么着急没有官位呢？天下黑暗日子也长久了，（圣人也该有得意的时候了，）上天会要把他老人家做人民的导师哩。"

古语智慧

孔子的道德感动了仪地的官员，使他笃信夫子的教化。然而当时的诸多国君却出于私利，不允许孔子在自己的国家推行仁政，最终使怀才之人流落四方，苦于劳顿，因此春秋之世便再也不能恢复尧舜的盛世了。

21世纪最贵的是什么？人才！这是如今我们经常会听到的一句话。虽然有些调侃的成分，但是，其实蕴含的意义却十分中肯。大到一个国家，小到一个组织，如果不重视人才，那么必将无法获得长远的发展。

二十五

子谓《韶》："尽美矣，又尽善也。"谓《武》："尽美矣，未尽善也。"

古语译读

孔子评论韶乐，说："美极了，也善极了。"评论武乐，说："美极了，但善还不够。"

古语智慧

对同一首乐曲，不同的人会有不同的感受，孔子对音乐自然也有他独到的欣赏和理解。在评论《韶》（传说舜时乐舞名）和《武》（周武王时乐舞名）这两首乐曲时，除了感受它们的旋律之外，孔子还感受到了更多的东西。在他看来，舜的天子之位是由尧“禅让”而来的，天经地义，理所应当，因此是尽善尽美的；而周武王的天子之位是由讨伐商纣而来，尽管是正义之战，但却也非尽善尽美。

由此可见，与武力治国相比，孔子还是推崇以礼治国的。这一论调放到今天，依然值得推崇。

二十六

子曰：“居上不宽，为礼不敬，临丧不哀，吾何以观之哉？”

古语译读

孔子说：“居于上位不能宽以待下，行礼不庄重严肃，遇到丧事不感悲戚，这样的人我怎能看得过眼呢？”

古语智慧

孔子对统治者提出的这三个要求，对于现代管理者来说也是非常有参考价值的。如今许多管理者都擅长权威式的管理，即在管理中采用冷漠粗暴的方式，毫无宽厚待人的概念，尤其在辞退或惩罚员工时表现得最是明显。这种管理方式必然会招致员工的不满情绪，久而久之，必然会对企业产生负面的影响。与之相反，人性化的管理则可以收到很好的管理效果。

里仁篇

心存仁德，昭若星辰

《里仁篇》主要讲述了义与利的关系问题、个人的道德修养问题、孝敬父母的问题以及君子与小人的区别等儒家思想的若干重要范畴、原则和理论，这些理论对后世都产生过较大影响。

仁者兼爱，核心是爱人。仁是一种境界，一种操守，一种修为。仁者可以坚守道义，淡泊名利；仁者能够褒扬贬抑，秉持公正；仁者能够安守清贫，潜心修养；仁者重义而薄利，能节欲自律；仁者能见贤思齐，孝养父兄。仁德可以修身养性，也可治家兴国。仁德于心，若昭昭之日月，润泽万物，滋养大地，虽无迹可寻，却无处不在。

一

子曰："里仁为美，择不处仁，焉得知？"

古语译读

孔子说："人以安居于仁德为美。如果择身所居而不选仁，怎能算作聪明呢？"

古语智慧

《三字经》里说："昔孟母，择邻处。子不学，断机杼。""孟母三迁"的故事以生动形象的方式诠释了孔子"里仁为美"的思想。另外，关于"里仁为美"，荀子在《劝学》中也曾阐述过："品质高尚的人居住一定要选择地方，交游一定要选择朋友，这是为了远离歪风邪气而接近仁义道德。"

用现代教育学的观点来看，"里仁为美"就是强调环境对人的重要影响，正所谓"近朱者赤，近墨者黑"，与有仁德的人住在一起，耳濡目染，都会受到仁德者的影响；反之，就不大可能养成仁的情操。

另外，关于孔子"里仁为美"的这一美好愿望，我们可以延伸一下去理解，与德仁的人为邻，可以延伸理解为与德仁的人交往。与人交往，自然不会再仅仅限于邻居这个相对狭窄的人际范围，如果你选择不了自己的居住环境和邻居，那么你可以选择和仁德的人去交朋友，这样一样可以实现"里仁为美"的愿望。

二

子曰："不仁者不可以久处约，不可以长处乐。仁者安仁，知者利仁。”

古语译读

孔子说：“不仁的人不能够长期处在贫穷中，也不能够长期处在安乐中。仁者实行仁德便心安，有智慧的人认识到仁的真义，懂得择善而行之。”

古语智慧

现实生活中，各个阶层都普遍存在着各种精神障碍、心理障碍的社会问题，究其原因，正因为现代的人们缺乏人文修养，缺乏“仁”的精神品质。换句话来说，就是他们不缺乏真正的人生智慧，而是缺乏真正的人生观、生命观、世界观与社会观。而这也是我们今天的教育必须检讨的一个问题。

三

子曰：“唯仁者能好人，能恶人。”

古语译读

孔子说：“只有仁者才能真心地喜爱某人，也能真心地厌恶某人。”

古语智慧

看到孔子的这番话，或许有人会提出异议：喜爱就是喜爱，厌恶就是厌恶，为什么要加上有没有仁德这顶“帽子”呢？其实，有这种想法也没错，喜欢或厌恶某人是每个人的权力，并不应该以是否有仁德而区别对待。话虽如此，但这样理解孔子的话就有些片面了，孔子并不是说喜爱或厌恶某人要符合某种条件，而是说，只有有仁德的人，才能真正从心底里去喜爱或厌恶一个人。

因此，孔子所讲的“仁”，是一个人核心的人格品质，它可以派生出“公平、正义、理性”等人格品质，因为心怀仁德，因此其好恶是出于客观而非私心。反过来，如果一个人缺乏仁德，他的评判往往会带有很多主观色彩，会以个人好恶和利益去衡量周围的人与事。

四

子曰：“苟志于仁矣，无恶也。”

古语译读

孔子说：“只要立志实行仁道，就不会有恶行了。”

古语智慧

一个人从呱呱坠地开始，本无善恶之念，只因为后天的熏染，才有了观察和认识事物的能力，熏染不同，才有了仁心与邪念。因此，只有用良好的教育培养正确的人生观和价值观，才能克制私欲，树立公正的仁义之心。而放纵私欲只会损人害己，因此且勿贪图一时之需或一时之乐，以免换来长久的痛苦。

五

子曰：“富与贵，是人之所欲也；不以其道得之，不处也。贫与贱，是人之所恶也；不以其道得之，不去也。君子去仁，恶乎成名？君子无终食之间违仁，造次必于是，颠沛必于是。”

古语译读

孔子说："发大财，做大官，这是人人所盼望的；不用正当的方法去得到它，君子不接受。穷困和下贱，这是人人所厌恶的；不用正当的方法去抛掉它，君子不摆脱。君子抛弃了仁德，怎样去成就他的声名呢？君子没有一餐饭的时间离开仁德的，就是在仓促匆忙的时候也一定和仁德同在，就是在颠沛流离的时候也一定和仁德同在。"

古语智慧

不可否认，没有人愿意过贫穷困顿、颠沛流离的生活，都希望过得稳定安逸。但是，要想获得这些，必须要通过正当的手段和途径。如果为了生活富裕而去做一些违反道德、礼法甚至违反法律的事情，就得不偿失了。

六

子曰："我未见好仁者，恶不仁者。好仁者，无以尚之；恶不仁者，其为仁矣，不使不仁者加乎其身。有能一日用其力于仁矣乎？我未见力不足者。盖有之矣，我未之见也。"

古语译读

孔子说："我不曾见到过爱好仁德的人和厌恶不仁德的人。爱好仁德的人，那是再好也没有的了；厌恶不仁德的人，他行仁德，只是不使不仁德的东西加在自己身上。有谁能在某一天使用他的力量于仁德呢？我没见过力量不够的。大概这样的人还是有的，我不曾见到罢了。"

古语智慧

孔子一直以来都特别强调个人道德修养，尤其是养成仁德的情操。在他看来，对仁德的修养，主要还是要靠个人自觉的努力，只要付出努力，就有机会达到仁的境界。

当然，对于我们普通人来说，要想使仁的修养达到如孔子般的高超的程度，即包容万象，爱人如己，这样是很困难的。因此，作为普通人，我们只要能够遵循勿以恶小而为之，勿以善小而不为，也就可以了。

一七

子曰："人之过也，各于其党。观过，斯知仁矣。"

古语译读

孔子说："人的过错，各归其类。考察一个人的过错，就可以知道他是什么样的人。"

古语智慧

孔子用一分为二辩证的观点看待"仁"与"过"的问题。观过知仁，就是说可以从一个人所犯的过错中看清这个人。因为，每个人都难免会犯错，但犯错的性质却是不同的。有的过错是"十恶不赦"的，有的过错却有着种种复杂的动机或原因。因此，我们需要做细致的观察、分析，找出犯错之人之所以犯错误的原因，进一步认识他的品质，发现他的优点和长处，并加以引导。即使放到今天，这也是一个很有实践意义的考察人的方法。

八

子曰："朝闻道，夕死可矣。"

古语译读

孔子说："早晨得知真理，就是当晚死去也是值得的。"

古语智慧

生命是短暂的，高尚的情操是永恒的。当一个人为了心中的理想，无论是筚路蓝缕，还是赴汤蹈火都慨然前行的时候，是因为他心中托着尊贵无比的信念。

九

子曰："士志于道，而耻恶衣恶食者，未足与议也。"

古语译读

孔子说："读书人志于真理，但又以自己吃粗粮穿破衣为耻辱，这种人不值得同他商议了。"

古语智慧

现实生活中，有很多人都有着远大的理想和目标，希望自己成为一个成功的人。为此，许多人也会付出辛苦的努力，失败了也不会气馁。但是，在这些人中，总有一些人会为了吃穿等生活琐事而斤斤计较的人。这样的人，即使志向再远大，也是无法脚踏实地去实现。有大目标，有时候就要不拘小节，吃得苦中苦，方为人上人。

十

子曰："君子之于天下也，无适也，无莫也，义之与比。"

古语译读

孔子说："君子对于天下的人和事，既无所敌对，也无所羡慕，哪个合理就和哪个在一起。"

古语智慧

在孔子看来，真正的君子对待天下的人和事无所谓亲近厚待，也无所谓冷淡疏远，能够作为标准的只有一个，那就是义。

这是一个人具有极高修养的表现，也是一个人为人处世的强大底蕴。尤其是作为一个领导者或管理者，更应该具备这种品质。作为领导，对待手下的员工应该一视同仁，不应该分成三六九等，要一碗水端平；也不应该给员工划线，标明谁和谁在一条线上；更不应该厚此薄彼，抬高一些人却打压另一些人。这样做只会导致组织内部出现人事纷争，既无益于领导威信的树立，更严重的是会影响公司的发展。

十一

子曰："君子怀德，小人怀土；君子怀刑，小人怀惠。"

古语译读

孔子说："君子安于道德，小人安于乡土；君子安于法制，小人安于恩惠。"

古语智慧

人各有志，不能强求，而且人的精神境界也确实有高下之分，同样也不是强求得来的。君子道德高尚，理想远大，想治国平天下，但这是君子自己的事情，我们没有权利要求社会上的所有人都成为君子，有君子的理想和抱负。普通人心中没有国家大义，只有乡土生计，这本也无可厚非，因为这对于他们来说才是最最紧要的事情。

也就是说，处在不同社会层次上的人要面对不同的事情，要解决不同的问题。君子心怀社稷，为政以德，百姓心系心计，安居乐业，这样的社会才是真正的和谐社会。

十二

子曰："放（fǎng）于利而行，多怨。"

古语译读

孔子说："事事依照个人利害关系行事，容易招致怨恨。"

古语智慧

利益公平原则是任何人类社会都在追求的目标，如果仅从利益的角度去考虑，是很难有绝对公平的。而且人在物质利益方面的欲望很难获得满足，因此要有道德的约束，如果将利益放在第一位，那么大多数人就会不讲道义，甚至不择手段，社会风气将会极端恶劣，整个社会就会怨声载道，人们安居乐业的梦想也会瞬间破碎。

对功名利禄，众人皆熙熙攘攘，欲求欲取，虽奔波劳碌，却又乐此不疲。而真正有智慧，有修养的人，无论是贫富得失都能把握住自己，既不欣喜若狂，也不蹙眉哀叹。怀抱一颗仁人之心，即使身处窘境也能处之泰然，享受简单的快乐。

十三

子曰："能以礼让为国乎？何有？不能以礼让为国，如礼何？"

古语译读

孔子说："能够用礼让来治理国家吗？这有什么困难呢？如果不能用礼让来治理国家，又怎样来对待礼仪呢？"

古语智慧

礼是仁在日常生活中的体现，古时候，行礼是人的重要修养之一，不知道礼仪，就会被看作野蛮人。但是，话又说回来，如果只专注于礼仪的形式，而不是出自真心，必然会导致形式主义的泛滥，礼制的最后消失也正源于此。

在现实生活中，我们对这一点也要引以为戒。比如在人际交往中，人与人之间的礼让和尊重，必须是发自内心的，由衷的，而不应该是做做样子。

十四

子曰："不患无位，患所以立。不患莫己知，求为可知也。"

古语译读

孔子说："不担心没有官位，只担心自己没有学到赖以站得住脚的本领；不担心没人知道自己，只求自己成为有真才实学值得为人们知道的人。”

古语智慧

如今，有许多人都在抱怨工作难找，抱怨这个社会不接纳自己，却从没考虑自身的原因。关于工作，更关键的问题不是难找，而是给你一份工作，你能不能有本事做好。如果没有真才实学，即使把你安排到一个很好的岗位，你也无法胜任，也不会有前途。反之，如果你既有能力又肯努力，那么即使从最底层做起，也大有机会成为人上人。

因此，与其担心自己的地位和权利，不如脚踏实地地做好当前的工作，等做出成就，你自然会赢得外界的尊重和工作的地位。因此，静下心来，立足于自身学问和才能的修养，使自己具备胜任各种环境的能力，才有机会获得事业的成功，实现人生的价值。

十五

子曰：“参乎！吾道一以贯之。”曾子曰：“唯。”

子出，门人问曰：“何谓也？”曾子曰：“夫子之道，忠恕而已矣。”

古语智慧

孔子说：“参呀！我的学说贯穿着一个基本观念。”曾子说：“是。”

孔子走出去以后，别的学生便问曾子道：“这是什么意思？”曾子道：“他老人家的学说，只是忠和恕罢了。”

古语智慧

做事竭尽全力叫作忠，这是对自己的要求。做人将心比心叫作恕，这是看待别人时的心态。孔子是在教导我们，为人处世，对自己要严格要求，竭尽全力的去做事，对别人则要将心比心。

十六

子曰："君子喻于义，小人喻于利。"

古语译读

孔子说："君子明白大义，小人只知道小利。"

古语智慧

或许有人会认为，孔子这是在赞颂君子而贬损小人，其实不然。在孔子的思想中，"义"和"利"并不是冲突对立的。而是说，在面对利益时，首先要考虑眼前的"利"符不符合"义"，如果符合，尽管获取便好；如果违背了，则应当坚决拒绝。也就是说，见利忘义不可取，但见利思义则可行。

十七

子曰："见贤思齐焉，见不贤而内自省也。"

古语译读

孔子说："见到贤人，应该想向他看齐；见到不贤的人，便应该自我反省（看有没有同样的毛病）。"

古语智慧

人非圣贤，孰能无过？犯点错误不可怕，关键是要知道怎样改正错误。怕的是经常犯错误，而且当别人指出时却不知道悔改。那么，是不是说没有人指出我们的错误，就代表我们一点错误没有呢？当然不是，所以我们要学会一种非常重要的道德修养方法，那就是“静坐常思自己过，闲谈莫论他人非”，即孔子所说的“见不贤而内自省也”，有则改之，无则加勉。

十八

子曰：“事父母几谏，见志不从，又敬不违，劳而不怨。”

古语译读

孔子说：“侍奉父母（如果父母有过失），应该婉言劝止，看到自己的意见没有被听从，应该照样恭敬，不触犯他们，即使内心忧劳也不怨恨。”

古语智慧

在这里孔子并没有简单地评价父母和儿女孰是孰非，因为那样会把问题复杂化，而这也正是孔子不愿讨论的问题。孔子的高明之处就在于，他论道只是借事说理，指出一些基本原则。即父母与儿女双方都有表达意愿的权利，至于谁服从谁，关键取决于双方的沟通交流。而如果父母说不，儿女依然要孝顺，即使会感到辛苦和痛苦，也不能抱怨父母。当然，孔子也知道，要达到这种境界，对圣人来说也是非常难的，所以才有了“色难”的说法。

现代社会已经没有了封建社会那种森严的等级制度，儿女和父母可以平等的交流沟通，当然意见不统一的情况也经常会出现。这时候，孔子所提出的“敬而不违”“劳而无怨”的现实意义就表现了出来，我们应该很好地去体会、去实践。

十九

子曰：“父母在，不远游，游必有方。”

古语译读

孔子说：“父母在世，不出远门，如果要出远门，必须有一定的去处。”

古语智慧

父母对儿女的爱，是世界上最伟大、最无私的爱。反过来，我们能够回报给父母的，或许不及万分之一。但是，我们也一定要尽量去弥补这之间的差距，比如说，能够待在父母身边尽孝是最好的，如果实在因条件所限要离开他们，也要经常打个电话问候一下，年节的时候抽出时间跟他们相聚一下。能够做到这些，父母就会感到安慰了。

二十

子曰：“三年无改于父之道，可谓孝矣。”

（见《学而篇》）

二十一

子曰：“父母之年，不可不知也。一则以喜，一则以惧。”

古语译读

孔子说：“父母的年纪不能不时时记在心里；一方面因（其高寿）而欢喜，另一方面又因（其寿高）而有所恐惧。”

古语智慧

随着父母年龄的增长，健康一定会大不如前，所以他们仍然健在，对我们来说应该是最值得高兴的事情。所以，当父母年老的时候，我们更要珍惜跟他们在一起的时光，就像歌里唱的那样一定要“常回家看看”。

二十二

子曰：“古者言之不出，耻躬之不逮也。”

古语译读

孔子说：“古时候人们不轻易把话说出来，因为他们以自己行为赶不上言语为耻。”

古语智慧

人的语言和行动，都由心来指导。心是随意的、无序的、自由的，语言可以随心所欲，比较准确地表达心声；而行动则是有条件、有限度、有约束的。心里怎么想，那只是自己的事，但语言和行为却会影响他人。因此语言和行为应是统一的，说到就应做到，说到做不到，或言行不一，就是无信，就应引以为耻。

二十三

子曰："以约失之者鲜矣。"

古语译读

孔子说："因为约束自己而犯错误的事是很少的。"

古语智慧

现实生活中，谁都难免犯错，大多错误往往都是因为不加考虑、肆意妄为而造成的。如果事前能够深思熟虑一下，有效地约束自己行为的话，就能做到三思而少悔。

二十四

子曰："君子欲讷于言而敏于行。"

古语译读

孔子说："君子说话要谨慎迟钝，做事要敏捷勤奋。"

古语智慧

少说话，多办事，是可以让我们少出错，多出成绩的好方法。俗话说，"祸从口出"，如果说话不假思索，想说什么说什么，很有可能给自己带来不必要的麻烦，有时候甚至还会招致灾祸。要实践"敏于行"，就要多干实事，尤其对于承诺过的话，一定要说到做到，绝不能做"语言上的巨人，行动上的矮子"。

二十五

子曰：“德不孤，必有邻。”

古语译读

孔子说：“有德的人不会孤单，必定会有同类的人去亲近他。”

古语智慧

道德是一个人立身为世的根本，一个没有道德的人是不会有人愿意跟他做朋友的，所以，他很可能会被孤立。而一个有道德的人，则总会有许多人愿意去追随。尤其是作为一个领导者，如果能以仁德为做人的根本，那么自然会得到下属的爱戴和拥护。

二十六

子游曰：“事君数，斯辱矣；朋友数，斯疏矣。”

古语译读

子游说：“对待君主过于烦琐，就会招致侮辱；对待朋友过于烦琐，就会反被疏远。”

古语智慧

现实生活中，朋友之间，发现对方有过错，加以劝导是应该的。如果朋友能听进去，自然可以好好劝诫，如果听不进去，那最好不要说太多。如果不考虑对方的承受力，一味地劝解，很容易会引起朋友的反感，时间长了还有可能会让友情变淡。因此，我们在交友的时候一定要注意这一点。

公治长篇

谦谦君子，持义惠民

《公治长篇》主要讲述了孔子和其弟子探讨仁德的特征。

尘埃难掩美玉的高洁品质，美德自见人格的高贵魅力。君子应谦恭大度，行为庄重，求真务实，秉持大义，惠泽民众。崇高的人格是君子仁德的最高境界。

君子之行，在乎于消弭战事，安邦定国，使国家昌盛，使人民安康和谐。才有高下，仁德无疆。务求实事，虽无大才却能服务于民；躬身实践，虽无大言，却能默默奉献。仁德是君子修身的最崇高的理想。仁德是永恒的，仁德是我们慷慨从容、立身于天地之间的标尺。怀抱一颗仁善之心，淡泊名利，宽容待人，对生活不挑剔，对他人不苛刻。富而不行无义，贫而不起贪恋之心，这就是君子修炼仁德的处世智慧。

一

子谓公冶长，“可妻也。虽在缧绁（léi xiè）之中，非其罪也。”以其子妻之。

古语译读

孔子提到公冶长，说：“可以把女儿嫁给他。虽然他曾经坐过牢，但不是他的罪过。”便把自己的女儿嫁给了他。

古语智慧

将自己的女儿嫁给一个“罪犯”，是需要胆识的，另一方面也缘于对“罪犯”品行的深知。人情世故是常人之举，但我们更应该坚持原则，保持正确的立场，独立的思想，切不可做出墙倒众人推的恶行。

人物链接

公冶长：名长，字子长、子芝。春秋时齐国人，亦说鲁国人。自幼家贫，勤俭节约，聪颖好学，博通书礼，德才兼备，终生治学不仕禄。孔子的女婿。孔门七十二贤之一。

二

子谓南容，“邦有道，不废；邦无道，免于刑戮（lù）。”以其兄之子妻之。

古语译读

孔子提到南容，说：“国家政治清明，他不会不被任用；国家政治黑暗，他可免予刑罚。”便做主把侄女嫁给了他。

古语智慧

此句所体现的现实意义与上一句相同。

三

子谓子贱，“君子哉若人！鲁无君子者，斯焉取斯？”

古语译读

孔子评论宓子贱，说：“这人是君子呀！假若鲁国没有君子，这种人从哪里取来这种好品德呢？”

古语智慧

孔子夸奖子贱，道出了学风的重要。在日常学习中，如果能够有几个志同道合的学友，学习起来也会更有动力，大家互相帮助，也会让学风日益优良，逐渐形成良性循环，从而在潜移默化中改善社会风气。正所谓“见贤思齐”是焉。

人物链接

子贱：孔子学生宓不齐，字子贱，小孔子30岁。孔门七十二贤之一。

四

子贡问曰：“赐也何如？”子曰：“女，器也。”曰：“何器也？”曰：“瑚琏也。”

古语译读

子贡问道："我是一个怎样的人？"孔子道："你好比是一个器皿。"子贡道："什么器皿？"孔子道："宗庙里盛黍稷的瑚琏。"

古语智慧

在上文中，孔子相继称赞了公冶长、南容、子贱，子贡于是也向老师询问自己怎么样。孔子说他还只是一个"器"，还不能算是君子。也就是说，孔子认为子贡还不具备君子的能力。其实，子贡的才学和能力也是很出众的，孔子这样说，也是对他的一种激励。

现实生活中，有一些年轻人常常因为获得了一些小成就而沾沾自喜，这时候如果能有一位长者适时适当地给他们泼一泼冷水，想必对他们日后的发展会更加有益。

五

或曰："雍也仁而不佞（nìng）。"子曰："焉用佞？御人以口给，屡憎于人。不知其仁，焉用佞？"

古语译读

有人说："冉雍这个人，虽有仁德，却没有口才。"孔子说："要口才干什么呢？强嘴利舌地同别人争辩，常常被人讨厌。你不知道仁不要紧，但不要用口才来衡量人。"

古语智慧

春秋的时候，人们都以口才好为时尚，所以冉雍的不善言辞被许多人诟病，认为他不算一个贤人。但孔子却强烈地反驳了这些人的话，在他看来，一个人处世立身，不一定非要具备良好的口才，有仁德就算是贤人了。而且孔子还说，口才好的人大多善于夸夸其谈，高谈阔论，表现上看好像很有本事，但实际上却往往没有真才实学。这样的人，不仅不是贤人，反而会被人所厌弃。

或许在某些人看来，孔子的话有些偏激了，其实，孔子并不是在贬低口才好的人，而是在表达对一些逞口舌之快的人的不满和唾弃。引申到现实生活中，就是要告诉我们，认识一个人，不能仅以言辞辨其才，更重要的是要考察他的行为，深入他的内心世界。

人物链接

冉雍：字仲弓，春秋末年鲁国人，小孔子 29 岁。冉雍是一个讷于言而敏于行的高贵之人。曾做过季氏私邑的长官，为政“居敬行简”，主张“以德化民”。孔门十哲之一。

六

子使漆雕开仕。对曰：“吾斯之未能信。”子说。

古语译读

孔子叫漆雕开去做官，他回答说：“我对此还没有自信。”孔子听了很喜欢。

古语智慧

自古以来，做官对于我们意味着什么，相信大家都比较清楚。权利、利益、光宗耀祖，因此这也成为了许多人的人生终极梦想。但是漆雕开在距做官仅有一步之遥的时候却拒绝进入官场，理由是自己的德行、能力他还没有达到做官的水准。这样的品质无疑是非常珍贵的。

反观今天的社会，不知道有多少人，为了得到一官半职，不惜阿谀奉承、重金贿赂，甚至走一些极端的旁门左道，其卑劣行径让人不齿。

老子说："知人者智，自知者明。"经得住诱惑和世事纷扰的考验，莫为一时之利驱使而毁损自己的美德。不急功近利，不好大喜功，认识和剖析自我的内心，才能成为一个拥有成功人生的明白人。

人物链接

漆雕开：字子开，又字子若，又说作子修。春秋末年鲁国人，一说蔡国人。孔子弟子，曾无罪受刑而致身残，为人谦和而有自尊，博览群书，在孔门中以德行著称。

七

子曰："道不行，乘桴（fú）浮于海。从我者，其由与？"子路闻之喜。子曰："由也好勇过我，无所取材。"

古语译读

孔子道："主张行不通了，我想坐个木筏到海外去，跟随我的恐怕只有仲由吧！"子路听到这话，高兴得很。孔子说："仲由这个人太勇敢了，好勇的精神大大超过了我，这就没有什么可取的呀！"

古语智慧

仲由是孔子的得意门生之一，年龄也孔子相仿，性格爽直，为人勇武，信守承诺，忠于职守，以擅长"政事"著称。但孔子对他依然不是十分满意的，他认为仲由过于好勇了，这一点是不可取的。

虽然说，重友情、讲信义，是值得称赞的好品行，但是，为人如果过于勇直也并不一定全是好事。这样的人，很容易义气用事，把事情办糟。

八

孟武伯问子路仁乎？子曰："不知也。"又问。子曰："由也，千乘之国，可使治其赋也，不知其仁也。"

"求也何如？"子曰："求也，千室之邑，百乘之家，可使为之宰也，不知其仁也。"

"赤也何如？"子曰："赤也，束带立于朝，可使与宾客言也，不知其仁也。"

古语译读

孟武伯向孔子问子路有没有仁德。孔子道："不晓得。"他又问。孔子道："仲由啦，如果有千辆兵车的国家，可以叫他负责兵役和军政的工作。至于他有没有仁德，我不晓得。"

孟武伯继续问："冉求又怎么样呢？"孔子道："求啦，千户人口的私邑，可以叫他当县长；百辆兵车的大夫封地，可以叫他当总管。至于他有没有仁德，我不晓得。"

（孟武伯问：）"公西赤又怎样呢？"孔子道："赤啦，穿着礼服，立于朝廷之中，可以叫他接待外宾，办理交涉。至于他有没有仁德，我不晓得。"

古语智慧

在这段话中，孔子对自己的三个弟子进行评价，标准就是“仁”。在孔子看来，三个弟子虽然各有自己的专长，但所有这些专长都必须服务于礼制、德治的政治需要，这样才算真正的“仁”。

九

子谓子贡曰：“女（rǔ）与回也孰愈？”对曰：“赐也何敢望回？回也闻一以知十，赐也闻一以知二。”子曰：“弗如也；吾与女弗如也。”

古语译读

孔子对子贡说：“你和颜回谁强？”子贡回答说：“我呀，怎么敢和颜回比？颜回呀，听到一件事，可以推知十件事；我呀，听到一件事，只能推知两件事。”孔子说：“确实赶不上他，我和你都赶不上他。”

古语智慧

孔子的这段话，其实赞扬两个人和两种品质。一种是颜回的博学多才，举一反三；另一种是子贡的谦虚恭谨，善避锋芒。

一个人的时间和精力都是有限的，所以不可能什么都学，什么都会，什么事情都去做。所以，如果能够把已经学到的知识加以总结，然后把总结出来的结果经过实践的检验悟出属于自己的道理，则可以获得更多的知识，懂得更多的道理。再把这些知识和道理运用到以前从未学到的知识和接触过的事物里面，就会获得更多的知识，明白更多的道理。这也就是孔子所说的闻一而知十。所以，我们在学习和工作的时候，不要死板教条，要学会学以致用，举一反三，用已经学到的知识去获得更多的知识和经验。

十

宰予昼寝，子曰：“朽木不可雕也，粪土之墙不可杇（wū）也”，于予与何诛！”子曰：“始吾于人也，听其言而信其行；今吾于人也，听其言而观其行。于予与改是。”

古语译读

宰予白天睡觉，孔子说：“腐烂了的木头无法雕刻，粪土一般的墙壁无法粉刷。对于宰予我还有什么好指责的呢？”孔子又说：“起初我对别人，听了他说的话，便相信他的行为；现在我对别人，听了他的话，还要考察他的行为。这是由于宰予的事而让我改变了想法。”

古语智慧

孔子的这番话告诉了我们三个道理：一要珍惜光阴，二要说话算话，三要识人观其行。

美好的生活要靠我们的努力奋斗才会获得，如果总是偷懒，总是想不劳而获，就不可以达成理想。人生短如白驹过隙，稍纵即逝，要抓紧时间去努力，去学习，去实践。做人要讲诚信，说出的承诺就要尽力去办到，不要说一套做一套。而认识一个人，最好不要仅凭他的言辞去做评判，最重要的要观察其是否言行一致，即不仅要听其言，还要观其行。

人物链接

宰予：字子我，亦称宰我，春秋末鲁国人，孔子著名弟子，孔门十哲之一。宰予小孔子 29 岁，能言善辩，在言语方面排名在子贡前面。

十一

子曰："吾未见刚者。"或对曰："申枨（chéng）。"子曰："枨也欲，焉得刚？"

古语译读

孔子说："我没有见过刚强的人。"有人回答说："申枨是。"孔子说："申枨欲望太多，怎么可能刚强呢？"

古语智慧

欲望是人生命的原动力，没有欲望，就没有了追求，没有了追求，人生就失去了原有的精彩和意义。从这一点上来说，欲望的本义应该是对事物的追求，具有一种正面力量的。但是，凡事都有一个度，欲望更是如此。如果我们无法控制自己的欲望，看到任何事物都贪得无厌，想要据为己有，遇到任何事情都想要成为胜者，忍受不了一点失败，那么不仅会让我们陷入痛苦和纠结中，还会使原本充满积极正能量的欲望变得肮脏不堪，甚至毁灭我们的人格。

因此，我们要努力将私欲减少一分，使公理增强一分。同时要多读圣贤的经典，将心境中的贪欲烦恼一一抹去，让心境的光明渐渐显露。

人物链接

申枨：字周，春秋时鲁国人，精通六艺，孔门七十二贤之一。

十二

子贡曰："我不欲人之加诸我也，吾亦欲无加诸人。"子曰："赐也，非尔所及也。”

古语译读

子贡说：“我不愿意别人强加在我身上的事，我也不愿把它强加在别人身上。”孔子说：“赐啊，这可不是你能做到的。”

古语智慧

世上己所不欲的事很多，要做到推己及人却又太难。人在江湖走，总有很多事是我们无法驾驭的，正所谓身不由己。如果这席话能作为全人类的道德规范，成为人与人、国与国之间的相处之道，还会有那么多战争和流血吗？还会有那么多冲突和暴力吗？

十三

子贡曰：“夫子之文章，可得而闻也；夫子之言性与天道，不可得而闻也。”

古语译读

子贡说：“老师关于文献方面的学问，我们听得到；老师关于天性和天道的言论，我们听不到。”

古语智慧

我们可以见到孔子的威严，可以听到孔子的言辞教诲，但是我们却很难窥见孔子言辞外表后面关于人性、人事与自然关系的深沉广博的思考。而这也正好给了我们一些启示：人不能一心急急忙忙的往上跳，希望所有人都认可自己，了解自己，而应该不断丰富自己的思想，加强自己各方面的修养，使自己的精神世界充满更宽阔坚强的力量，使自己的所作所为更符合天道人性。这样，才是最好的获得别人认可和赞扬的方法。

十四

子路有闻，未之能行，惟恐有闻。

古语译读

子路听到一种善言而未能施行时，唯恐又听到另一种善言。

古语智慧

虽然用今天的眼光来看，子路的做法有些过于古板了，貌似不懂变通，其实这正是他们高尚人格的一种体现。在他们看来，听到一百句善言，也不如去实践一句善言重要，言与行，是相辅相成的，但行比言要更加重要。

十五

子贡问曰："孔文子何以谓之'文'也？"子曰："敏而好学，不耻下问，是以谓之'文'也。"

古语译读

子贡问孔子说："孔文子为什么被谥为'文'呢？"孔子说："他聪敏而热爱学习，又谦虚下问，不以为耻，这就是用'文'作为他谥号的理由。

古语智慧

现实生活中，聪明有学问的人有很多，但是能够做到依然好学并不耻下问的人却不多。以上级问于下级，以能问于不能，以多问于寡，以年高问于年幼，皆为下问。一个人如果一方面能聪慧好学，孜孜不倦，一方面又能尊重知识，向不同的人学习，那么他一定能取得学业上的很大的进步。

十六

子谓子产，“有君子之道四焉；其行己也恭，其事上也敬，其养民也惠，其使民也义。”

古语译读

孔子评论子产，说：“他有四种行为合于君子之道：他自己的容颜态度庄严恭敬，他对待君上负责认真，他教养人民有恩惠，他役使人民合于道理。”

古语智慧

在孔子看来，要拥有这四种品质，才可为治国安邦之才，而子产正是这种人才，所以孔子对他赞誉有加。这四种品质，对是我们今天的从政者来说，同亲具有非常重要的现实指导意义。

十七

子曰：“晏平仲善于与人交，久而敬之。”

古语译读

孔子说："晏平仲善于和别人交朋友，相交越久，别人越发恭敬他。"

古语智慧

现实生活中，我们在为人处世的时候，都要向晏平仲学习，学习他"善与人交"的品性，达到他被人"久而敬之"的境界。

具体来说，要想"善与人交"，不仅要有高学问，还要有高情商，以及足够丰富的心理学方面的知识，能够发现人与人的不同和不同人的美，并采取不同的、适当的方法真心诚意的和人交往。而要想达到被别人"久而敬之"的境界，就要做到以下三点：第一，要广泛的与人交往；第二，要不断提高自己的修养；第三，要保持真诚的心态。

十八

子曰："臧文仲居蔡，山节藻棁（zhuō），何如其知也？"

古语译读

孔子说："臧文仲替一种叫蔡的大乌龟盖了一间屋，有雕刻着像山一样的斗栱和画着藻草的梁上短柱，这个人怎么能算是有智慧呢？"

古语智慧

在孔子看来，时逢乱世，臧文仲作为当时很有名气的公众人物，一举一动都会影响社会风气，他这种越礼的行为自然不能算是有智慧的。

现实生活中，我们同样应该注意自己的一言一行，切不可失礼，尤其作为公众人物更应如此，以免给社会风气带来负面的影响。

十九

子张问曰："令尹子文三仕为令尹，无喜色；三已之，无愠色。旧令尹之政，必以告新令尹。何如？"子曰："忠矣。"曰："仁矣乎？"曰："未知；——焉得仁？"

"崔子弑齐君，陈文子有马十乘，弃而违之。至于他邦，则曰：'犹吾大夫崔子也。'违之。之一邦，则又曰；'犹吾大夫崔子也。'违之。何如？"子曰："清矣。"曰："仁矣乎？"曰："未知；——焉得仁？"

古语译读

子张问道："楚国的令尹子文三次做令尹的官，没有高兴的颜色；三次被罢免，没有怨恨的颜色。（每次交代，）一定把自己的一切政令全部告诉接位的人。这个人怎么样？"孔子道："可算尽忠于国家了。"子张道："算不算仁呢？"孔子道："不晓得；——这怎么能算仁呢？"

子张又问："崔杼无理地杀掉齐庄公，陈文子有四十匹马，舍弃不要，离开齐国。到了另一个国家，说道：'这里的执政者同我们的崔子差不多。'又离开。又到了一国，又说道：'这里的执政者同我们的崔子差不多。'于是又离开。这个人怎么样？"孔子道："清白得很。"子张道："算不算仁呢？"孔子道："不晓得；——这怎么能算是仁呢？"

古语智慧

在孔子看来，令尹子文和陈文子，一个忠于君主，一个不与佞臣共事，称得上是尽忠而清高的了，但是他们离"仁"却还有一段距离。因为，孔子认为，"忠"只是仁的一个方面，而"清"则是为了维护礼而献身的殉道精神。所以，仅有这两种品质还是远远不够的。

孔子是在教导所有身居高位者，对自己一定要高标准、严要求，古往今来，这一准则一直适用。

二十

季文子三思而后行。子闻之，曰："再，斯可矣。"

古语译读

季文子每做一件事都要考虑多次之后才行动。孔子听到后，说："考虑两次就可以了。"

古语智慧

人们常说，做任何事，任何决定，都要"三思而后行"，不要盲目，也不可冲动，否则很容易事与愿违，甚至造成严重的后果。但是反过来说，如果做事情过于小心谨慎，有时候则会错过机会，正所谓"当断不断，必受其乱"。

表面看起来，这两个道理似乎有些相悖，其实不然。做事要小心谨慎，这是正确的，但是如果考虑过多，当断不断，那么小心就会变成小器，谨慎就会变成犹豫，即使最终做了决定，也会贻误时机。因此，当有了充分的准备或十足的把握之后，就要果断出击，这样才有希望获得想要的成功。

二十一

子曰："宁武子，邦有道，则知；邦无道，则愚。其知可及也，其愚不可及也。”

古语译读

孔子说：“宁武子在国家太平时节，便聪明；在国家昏暗时节，便装傻。他那聪明，别人赶得上；那装傻，别人就赶不上了。”

古语智慧

现实生活中，有聪明智慧的人，也有昏庸愚昧的人，还有一种人，聪明智慧过人一等，但却懂得韬光养晦，审时度势，表现得像昏聩的人一样，正是所谓大智若愚的人。这样的人知道在什么情况下做什么决定，该怎么做？有自己的立场和操守。

二十二

子在陈，曰：“归与！归与！吾党之小子狂简，斐然成章，不知所以裁之。”

古语译读

孔子在陈国，说：“回去吧！回去吧！我们那里的学生们志向高大得很，文采又都斐然可观，我不知道怎样去指导他们。”

古语智慧

孔子说这段话时，鲁国正值季康子执政。季康子的父亲季桓子临死前嘱咐季康子，让他将孔子召回鲁国，为其谋政。季康子不想召孔子回鲁国，但碍于父命，最后只好召孔子的弟子冉求回了鲁国。孔子自然不会阻挡弟子的求官之路，于是便同意冉求回鲁国去实现抱负。

但同时，孔子也指出了鲁国的一些年轻学生还未成长为真正可用的人才，还需要自己去好好调教他们。

孔子前半生欲施行大道于天下，后半后则致力于传道授业解惑。其心把天下看作一家，把古今看作一时，因此继往开来，无愧为万世之师。

二十三

子曰："伯夷、叔齐不念旧恶，怨是用希。"

古语译读

孔子说："伯夷、叔齐不记念过去的仇隙，因而很少有人对他们表示怨恨。"

古语智慧

如果作恶的人能改过自新，应该只看他善的一面，而不再去追究他过去的所作所为。有这样公平的好恶，这样宽广的胸怀，必定会得到人们的尊重。由此可见，人确实应该疾恶如仇，但是也要宽恕那些改恶从善的人。世界上没有任何一样东西是比宽容更为博大的。原谅别人，并不意味着自己有多么高尚。当你宽容别人时，你也正是在为自己心灵拆除篱笆，栽植鲜花。

二十四

子曰："孰谓微生高直？或乞醯（xī）焉，乞诸其邻而与之。"

古语译读

孔子说：“谁说微生高这个人直爽？有人向他讨醋，（他不说自己没有）却到邻人那里转讨一点给人。”

古语智慧

人们常说，助人为快乐之本，的确，如果能够帮助别人，自己也会获得快乐。但是，帮助别人也是需要讲求智慧的，要以适当的方式，如果像微生高乞邻以贷，表面上是助人为乐，但实质上却有故作姿态以博赞誉与曲意讨好之嫌。

因此，做人做事，都不能太刻意，这样会显得太有心机。也不能太曲意，这样会变得很做作矫情。做人要干净利落、洒脱、直率，正所谓光明磊落、真诚坦荡。

二十五

子曰：“巧言、令色、足恭、左丘明耻之，丘亦耻之。匿怨而友直人，左丘明耻之，丘亦耻之。”

古语译读

孔子说：“花言巧语，伪善的容貌，十足的恭顺，这种态度，左丘明认为可耻，我也认为可耻。内心藏着怨恨，表面上却同他要好，这种行为，左丘明认为可耻，我也认为可耻。”

古语智慧

与人相交，恭敬是应该的，然而，过分地恭敬就有献媚之嫌了；与人交友，明明心里怀着对对方的不满，却不明说，表面上还要表现出与之要好的样子，这不仅仅虚伪，而且有些可耻了。现实生活中，我们在人际交往中，要时刻警惕这两种人。

二十六

颜渊季路侍。子曰："盍（hé）各言尔志？"子路曰："愿车马，衣轻裘，与朋友共，敝之而无憾。"颜渊曰："愿无伐善，无施劳。"子路曰："愿闻子之志。"子曰："老者安之，朋友信之，少者怀之。"

古语译读

颜渊、季路侍立在孔子身边。孔子说："你们何不谈谈各人的志向呢？"子路说："希望做到把我的车马衣服与朋友共同使用，即使被用坏了也没有什么不满。"颜渊说："希望不夸耀自己的好处，不表白自己的功劳。"子路说："希望听听您的志向。"孔子说："（我的志向是：）对老者让他安逸，对朋友予以信任，对年青人予以关怀。"

古语智慧

孔子把自己的人格理想总结为三句话："老者安之，朋友信之，少者怀之。"所谓"老者安之"，即让人们深刻体会"不养儿不知父母恩"，懂得孝敬的真正含义，践行孝敬的一言一行。所谓"朋友信之"，即以诚信立身，以诚信交友，这样才能获得真正的友情。所谓"少者怀之"，即为后辈做好榜样，待到暮发之年，能够感觉到自己的一生过得很有意义，可以让后辈尊敬，自己也了无遗憾。

二十七

子曰：“已矣乎！吾未见能见其过而内自讼者也。”

古语译读

孔子说：“算了吧！我没有见过看到自己的过错而又能在心中责备自己的人！”

古语智慧

对于大多数人来说，都喜欢眯着眼睛瞅别人的过错，而放大瞳孔让自己的毛病溜走。即使明知自己有错，也总是因为顾及面子或其他原因而拒绝承认错误，更谈不上从内心去责备自己了。有的人甚至自己犯了错误，不仅不去认真检查自己，反而把责任推到别人头上，这是一种十足的伪君子。孔子说他没有见过有自知之明、有错即改的人。其实，在现实社会生活当中，这样的人仍然很常见。

我们应该做到的是，对己之过自察、自责、自知，深怀不安、无地自容之心，痛改前非之意；对他们之失，应大度一笑，宽容为怀，劝其改之，既往不咎。

二十八

子曰：“十室之邑，必有忠信如丘者焉，不如丘之好学也。”

古语译读

孔子说：“即使是只有十户人家的小地方，也必定有像我一样忠实而讲信用的人，只是比不上我爱好学问罢了。”

古语智慧

孔子的这句话告诉了我们两个道理：第一，德行和才能并不是天生的，而是后天努力得来的，也就是说，每一个人都有机会成为德才兼备的人，关键在于你是否肯用心，肯努力去争取；第二，要做一个坦率的人。一个坦率的人，就是一个简单、踏实而务实的人。不沉溺幻想，不好高骛远，不庸人自扰。也不要说谎话，因为谎话总有被拆穿的一天。一个坦率的人总是深知自己的不足，不嫉贤妒能，不妄自尊大，同时也从不妄自菲薄。

雍也篇

秉持仁德，固守不移

《雍也篇》主要讲述了孔子对颜回极高的评价、『中庸之道』『恕』的学说、『文治』的思想以及如何培养『仁德』的一些主张。

坚守宽宏持重，严谨自律，敬事职责的良好修为；摒弃存心轻率，散漫疏缓，怠慢渎职的懒散作风。『不迁怒，不贰过。』在有限的生命里，孜孜以学，猎获浩博的知识财富，提高生命的价值，升华自己的道德修养。

行大仁，守大义。宽恕别人，就是善待自己；坚守大义，就是人格的升华。胸襟博大如山岳高耸，思维激荡似江河滔滔。在人生的坎坷与追求中不断完善自我，用广博的知识和人格的魅力立身天地，惠顾万民。

一

子曰："雍也可使南面。"

古语译读

孔子说："冉雍这个人，可以让他做某一地区或某一部门的长官。"

古语智慧

在孔子的弟子中，冉雍向来以德行好而著称，孔子曾经给予他极高的赞许："我的弟子中，冉雍气宇轩昂，识量广博，颇有人君的气度，假如让他管理一国，总理事物，统御人民，也是可以胜任的。"冉雍也无愧于孔子对他的这番称赞，他确实具备领导者应该具备的各种品质。

冉雍出身贫贱，父亲是一个穷苦人，按当时的阶级观念来看，即使他真的有才学，也不可能有所建树。但是就是在那样一个极其注重阶级的社会里，孔子却并没有考虑这一因素，而是给予了冉雍极高的评价和肯定。从中我们可以看出，孔子识人并不看阶级，只看这个人自身的才学和品德，这一点非常值得我们现代的教育学者遵循和学习。

二

仲弓问子桑伯子。子曰："可也简。"

仲弓曰："居敬而行简，以临其民，不亦可乎？居简而行简，无乃大简乎？"子曰："雍之言然。"

古语译读

仲弓向孔子问起子桑伯子。孔子说："他行事简要不烦琐。"

仲弓说："存心严肃恭敬而行事简单，以此原则治理百姓，不也行了吗？存心简单，而行事也简单，这不太简单了吗？"孔子说："冉雍的话是对的。"

古语智慧

一个人，尤其是领导者如果内心对事、对人、对百姓出于敬重的心理，对自己要求严格，有"斋"的心理，那么做事自然就会从简，效率自然就会提高；反之为了标榜"简"而刻意地去简单、简化，"简"就变成了一种权术、一种手段，所有的事情就会过于简化，这就不是我们应该追求的"简德"。

人物链接

子桑伯子：此人已经无可考。有人认为其就是《庄子》里的子桑户，也有人认为其就是秦穆公时的子桑（公孙枝），然而都未必可靠。

三

哀公问："弟子孰为好学？"孔子对曰："有颜回者好学，不迁怒，不贰过。不幸短命死矣，今也则亡，未闻好学者也。"

古语译读

鲁哀公问孔子："你的学生中谁爱好学问？"孔子回答说："有位颜回爱好学问，他从不迁怒于人，不犯同样的过失。不幸他短命死了，现在再没有这样的人了，再也没有听说有这样爱好学问的人了。"

古语智慧

孔子门下，广闻博学、能言善辩者众多，但是孔子最为称赞的学生颜回在这两方面却并不出色。这是为什么呢？因为孔子看重的是他的个人修养——不迁怒，不贰过。由此可见，圣贤的学问不在于诗词句章，而是在于身心性情，即个人修养。

那么，在现实生活中，我们怎样才能做到不迁怒，不贰过呢？要做到不迁怒，内心就需要常常知道收敛，不使怒气肆意发作而迁怒他人。要做到不贰过，心中就要始终保持警惕，不让习气影响自己的行为。也就是说，如果能够用敬事明理来涵养自己的内心，使心中常常清净平等，自然会明辨轻重缓急，也就不会迁怒、贰过了。

四

子华使于齐，冉子为其母请粟。子曰："与之釜。"

请益。曰："与之庾。"

冉子与之粟五秉。

子曰："赤之适齐也，乘肥马，衣轻裘。吾闻之也：君子周急不继富。"

古语译读

公西华被派到齐国去做使者，冉有替他母亲向孔子请求小米。孔子道："给他六斗四升。"

冉有请求增加。孔子道："再给他二斗四升。"

孔子道："公西赤到齐国去，坐着由肥马驾的车辆，穿着又轻又暖的皮袍。我听说过：君子只是雪中送炭，不去锦上添花。"

古语智慧

孔子主张“君子周急不济富”，这是从儒家“仁爱”思想出发的。这其中是在教育我们，帮助别人，应当“雪中送炭”，而不是“锦上添花”，这才是符合人道主义的帮助，也才是友人之间正确的相处之道。

五

原思为之宰，与之粟九百，辞。子曰：“毋！以与尔邻里乡党乎！”

古语译读

原思出任孔子家的总管，孔子给他俸米九百。原思推辞不要。孔子说：“不要推辞。有多的，就给你的乡亲们吧。”

古语智慧

孔子的这番话告诉了我们两个道理。一是用财的中道，既不滥用，也不吝啬，当用则用，不当则不用。也就是说，在日常生活中，我们不能整天只为了钱财奔波，而忽略了道德情操，也不能视金钱如粪土，避之不及。因为金钱本身是没有过错的，只是用它的人不同罢了。二是要固守穷时独善其身，达时兼济天下的思想，如果有能力，应该多帮助一些需要帮助的人。

人物链接

原思：姓原名宪，字子思，鲁国人。孔子的学生，生于公元前515年。孔子在鲁国任司法官的时候，原思曾是他家的总管。

六

子谓仲弓，曰：“犁牛之子骍（xīng）且角，虽欲勿用，山川其舍诸？”

古语译读

孔子谈到冉雍，说：“耕牛的儿子长着赤色的毛，整齐的角，虽然不想用它作牺牲来祭祀，山川之神难道会舍弃它吗？”

古语智慧

古代祭祀的牺牲不用耕牛，认为耕牛之子不配作祭礼。有人因此用冉雍卑贱的出身来质问孔子，孔子却反驳说，耕牛所产之子如果颜色纯正，头角周正，那么山川之神也一定会接受这种祭祀。因此，像冉雍这样的人才，即使他的出身不好，依然应该得到重用。

英雄不论出身，起点决定不了终点，反之亦然。这一道理今天同样适用。

七

子曰：“回也，其心三月不违仁，其余则日月至焉而已矣。”

古语译读

孔子说：“颜回呀，他的内心可以长期保持仁德，其他的人则只是偶然想一下罢了。”

古语智慧

孔子再次提到了颜回，再次强调了颜回内在修养的高深，讲到他能够安处于仁的境界很长时间，甚至一生都坚守其中。

仁是道义，也是信念，是理想，也是追求。一个人做一件好事并不难，难的是一生都不做坏事，永远做个美德高尚的人。怀抱仁德，就要执着不移，长此以往，永远做一个悉心的护花使者，持久地侍立在它的身旁。

八

季康子问："仲由可使从政也与？"子曰："由也果，于从政乎何有？"

曰："赐也可使从政也与？"曰："赐也达，于从政乎何有？"

曰："求也可使从政也与？"曰："求也艺，于从政乎何有？"

古语译读

季康子问孔子："仲由这个人，可以使用他治理政事吗？"孔子道："仲由果敢决断，让他治理政事有什么困难呢？"

又问："端木赐可以使用他治理政事吗？"孔子道："端木赐通情达理，让他治理政事有什么困难呢？"

又问："冉求可以使用他治理政事吗？"孔子道："冉求多才多艺，让他治理政事有什么困难呢？"

古语智慧

孔子在这里教育我们，做一个真正的为政者要具备"果、达、艺"这三方面的素质。所谓有"果"，就是处理事情要果断，优柔寡断只会误事；所谓"达"，就是为人要性情要通达，心胸要宽广，想得开、看得透；所谓"艺"，就是要具备一种修养，比如茶道、音乐、绘画等技艺，因为这也是排解心中苦闷的一种手段，否则许多政事的烦恼、人事的忧愁长期郁积于心会不利于身体健康。

九

季氏使闵子骞为费宰，闵子骞曰："善为我辞焉！如有复我者，则吾必在汶上矣。"

古语译读

季氏叫闵子骞做费邑的长官。闵子骞对来人说："好好替我辞掉吧！如果再来找我的话，我必定跑到汶水的北边去。"

古语智慧

朱熹对闵子骞的这一做法极表赞赏，他说：处乱世，遇恶人当政，"刚则必取祸，柔则必取辱"，即硬碰或者屈从都要受害，刚柔相济，才能应付自如，保存实力，从而才能处乱世而不惊，遇恶人而不辱。这就是孔子所提倡的"天下有道则出，无道则隐"。

的确，天下没有真正高尚的职业，却有着高尚的从业态度。可是现实生活中却有许多人对自己的工作并不看重，认为这只是谋生的一种手段。但凡这样想的人，很少有人能在自己的工作中有所建树。而只有真正把自己的工作当成一种兴趣，一种责任的人，才能在工作中获得成就感。

十

伯牛有疾，子问之，自牖（yǒu）执其手，曰："亡之，命矣夫！

斯人也而有斯疾也！斯人也而有斯疾也！”

古语译读

伯牛得了恶病，孔子去探问他，从窗户中抓住他的手，说：“失去了这个人，这真是命啊！这样的人竟会得这种病！这样的人竟会得这种病！”

古语智慧

从这段话中，我们可以悟出一个道理，即生死有命，富贵在天。疾不择人，生命已走向尽头，乾坤难转，即便是圣贤之辈也不例外，只能徒增喟叹。所以，我们每个人都要怀有珍惜之心，珍惜自己的健康，也珍惜身边人的健康。

人物链接

伯牛：姓冉，名耕。孔子弟子，很有美德，不幸患恶疾辞世。孔门十哲之一。

十一

子曰：“贤哉，回也！一箪食，一瓢饮，在陋巷，人不堪其忧，回也不改其乐。贤哉，回也！”

古语译读

孔子说：“颜回真有贤德啊！吃一筐干饭，喝一瓢白水，住在狭小的巷子中，别人无法忍受这种穷苦生活的忧愁，颜回却不改变他内心的快乐。颜回真有贤德啊。”

古语智慧

孔子从不吝惜对弟子颜回的称赞，在这里称赞了他不拘泥于形式，超脱于名利，苦中亦能乐的品格和精神。的确，人总是需要一点精神的，为了自己的理想，应该不断地去追求，即使生活清苦困顿也要学会自得其乐。引申来说，孔子的这句话是在告诉我们：快乐不应以物质的富足为必要条件，快乐的本源来自精神的追求。

十二

冉求曰："非不说子之道，力不足也。"子曰："力不足者，中道而废。今女画。"

古语译读

冉求说："不是我不喜欢您的主张，是我没有足够的力量去实行。"孔子说："假若真是力量不足，就会走到半道走不动了。你却是一开始就就给自己画了一条界线。"

古语智慧

现实生活中，我们常常听到这样一句话："你哪能跟他比啊？他是个天才，他能做的你也能做吗？"许多人的才能和勇气就这样被埋没了，这是多么悲哀的事，也是对生命的不负责。孔夫子清晰地洞察了这一现象，所以在他看来，力不从心，中道而废是不可耻的，真正可耻的是还没去尝试，就已经给自己画上了一条界线，并且暗示自己永远也无法跨越。殊不知，人生成功的秘诀就在于愈挫愈勇，百折不挠，敢于拼搏。挫折是成就人生，塑造人生的真正动力。没有挫折，也许我们就会真的丧失生活的信心，苟安偷生，不思进取了。

十三

子谓子夏曰：“女为君子儒！无为小人儒！”

古语译读

孔子对子夏说：“你要做一个有修养的读书人，不要成为没修养的读书人。”

古语智慧

孔子曾说：“弟子入则孝，出则悌，谨而信，泛爱众，而亲仁。行有余力，则以学文。”从这句话可以看出，孔子把学习知识是放在最后的，在他看来，缺失了道德修养，即使知识学得再多再好，也不会成为治国安邦的人才，而且还有可能会成为乱臣贼子。

这与我们现代教育中某些只注重成绩而忽视品德教育的教育机构和教育者来说，不能不说是一种警示。

十四

子游为武城宰。子曰：“女得人焉耳乎？”曰：“有澹台灭明者，行不由径，非公事，未尝至于偃之室也。”

古语译读

子游做武城县县长。孔子道：“你在这儿得到什么人才没有？”子游道：“有一个叫澹台灭明的人，走路不插小道，不是公事，从不到我屋里来。”

古语智慧

孔子极为重视发现人才、使用人才。他与子游的这段对话，正反映出了他对举荐贤才的重视。同时，通过这段话孔子也向我们传递了一些选用人才的标准，至今适用：第一，做事要走正道，不走旁门左道，不投机取巧，不急于求成；第二，参与公共事务，参政执政，就应该公而无私，除了公事之外，没有个人私事私情；第三，切忌公私混杂，假公济私，甚至损公肥私。

十五

子曰：“孟之反不伐，奔而殿，将入门，策其马，曰：‘非敢后也，马不进也。’”

古语译读

孔子说：“孟之反不夸耀自己。他（在军队溃败时）走在最后，掩护全军，将进城门，便鞭打着（所乘战车前的）马，说：‘不是我敢走在最后，是我的马不快些跑。’”

古语智慧

勇敢本是军人应有的本色，孟之反“功不独居，过不推诿”值得推崇和尊敬，因为他懂得推功于谦让，这是一种高尚人格的无私体现，同时也是一种人生智慧的体现。时至今日，谦虚和低调仍是我们每个人应该追求的做人准则。

人物链接

孟之反：名侧，春秋时期鲁国大夫。

十六

子曰："不有祝鮀（tuó）之佞，而有宋朝之美，难乎免于今之世矣。"

古语译读

孔子说："假使没有祝鮀的口才，而仅有宋朝的美丽，在今天的社会里怕不易避免祸害了。"

古语智慧

其实，孔子向来对口才奇佳的人印象并不是太好，反而对笨嘴拙舌但内心充满仁德的人大加赞赏。当然，孔子并不是在排斥或诋毁口才好的人，因为他也深知口才对于立身处世非常重要，只要不演变成强嘴利舌、巧言令色的程度就可以了。

十七

子曰："谁能出不由户？何莫由斯道也？"

古语译读

孔子说："谁能够走出屋外不从房门经过？为什么没有人从我这条路行走呢？"

古语智慧

孔子在这里感叹说，正如从屋子里走出去必须经过房门，儒道也是人类应走之门，为什么没有人相信通过学习儒道可以达到人生的更高境界呢？

孔子的思想在当时是曲高和寡的，如果他能地下有知，一定会感到无比欣慰，因为直至两千五百多年的今天，他的思想仍被广为流传。

十八

子曰："质胜文则野，文胜质则史。文质彬彬，然后君子。"

古语译读

孔子说："质朴超过了文采，就显得粗鄙；文采超过了质朴，就显得虚浮。只有文采与质朴和谐地配合在一起，这才成为君子。"

古语智慧

"质"即质朴的品质，"文"即文化的修养。"质胜文则野"就是指一个人没有文化修养就会很粗俗，而"文胜质则史"就是指一个人过于文雅就会显得像个只注重繁文缛节、不切实际的书呆子。因此，做人要"文质彬彬"，即要有文化修养，也不要迷失了本性，只有这样才能称得上是真正的君子。而真正的君子才能做到，不拘泥于礼的形式，不压抑心灵的成长，不僵化思想的延伸。

十九

子曰："人之生也直，罔之生也幸而免。"

古语译读

孔子说："人能活着是由于正直；不正直的人活着，不过是侥幸地免于祸患罢了。"

古语智慧

“直”，是儒家的道德规范，即直心肠，意思是耿直、坦率、正直、正派，同虚伪、奸诈是对立的。与此相对，生活中也有一些不正直的人，他们也能生存，甚至活得更好，但这并不是说他们的做法值得效法，而且最终他们总会被自己所害。

要知道，再美的谎言终有被现实击碎的一天，任何的虚饰与掩盖都会被真相揭开其画皮。只有保持内心的那一份坦诚与率真，少一些虚浮与奸诈，幸福之神才会惠顾于你，你也才会因此而享受更为轻松美好的人生。

二十

子曰：“知之者不如好之者，好之者不如乐之者。”

古语译读

孔子说：“（对任何有益的东西）了解它的人比不上喜爱它的人，喜爱它的人比不上乐在其中的人。”

古语智慧

人对自然产生兴趣，就能引发出对事物的体验，对问题的思索；人对生活产生兴趣，就能引发因好奇而实践，因验证而发现。古往今来，许多成就辉煌的成功人士，他们的事业往往萌生于青少年时代的兴趣中，延着兴趣开拓的道路走下去，找到了自己事业成功的路径。

不管是生活，还是学习，当我们对它充满兴趣时就会发现，掌握它是一件非常简单的事情。人的成功需要正确的引导，最好的老师就是兴趣，它推动着人们主动地去开拓进取。

因此，我们要在生活中不断发现兴趣，培养兴趣，从兴趣中找到我们的追求和目标，这样才能离成功越来越近。

二十一

子曰："中人以上，可以语上也；中人以下，不可以语上也。"

古语译读

孔子说："中等水平以上的人，可以告诉他高深的东西；中等水平以下的人，不可以告诉他高深的东西。"

古语智慧

在孔子看来，人的智力天生就有高低之别。因此他在教学的时候，总会根据学生智力水平的高低来决定教学的内容和方式。这一点，对于我国教育学的形成和发展做出了非常重要的贡献。

"因才施教"，才有益于教学之功。否则只会沦落为两种不同的场景：这边口若悬河，滔滔不绝；那边昏昏欲睡，不知所云。授知者费尽心力，受知者头疼欲裂。因此，对于现代教育者来说，这是一个值得慎重对待和思考的问题。

二十二

樊迟问知。子曰："务民之义，敬鬼神而远之，可谓知矣。"

问仁。曰："仁者先难而后获，可谓仁矣。"

古语译读

樊迟问什么是聪明。孔子说："尽心尽力使人民走上'义'的道路，严肃地对待鬼神，但并不依赖它，可以说是聪明了。"

樊迟又问什么是仁德。孔子说："有仁德的人凡事先付出劳苦，然后获得成功，这可以说是仁德了。"

古语智慧

孔子在这里讲到了两个问题，一个是"知"，另一个是"仁"。这里所讲的"知"，就是一切要以人为本，为人服务，做对人对社会有益的事情，对待鬼神要恭敬但要远离他们。那么，什么是仁呢？孔子说：先难而后获。先难，就是要先做难事，那么什么是难事？克服自私心为人服务最难。后获，就是把个人利益放在后面，甚至不去想，只是怀着仁心做利人的事情，自然就会有所收获。

二十三

子曰："知者乐水，仁者乐山。知者动，仁者静。知者乐，仁者寿。"

古语译读

孔子说："智者乐于水，仁者乐于山。智者喜欢动，仁者喜欢静。智者快乐，仁者长寿。"

古语智慧

生活是无比美好的，快乐是人人所追求的。拥有仁者的胸怀、智者的心灵，学会为人处世的道理，才能安享生活的快乐。

智、仁、勇是儒家人格的最高理想。如果做到了这三点，就能够成为一个崇高的人，一个有价值的人，一个快乐的人，一个长寿的人。这应该成为我们每个人的人生追求。

二十四

子曰："齐一变，至于鲁；鲁一变，至于道。"

古语译读

孔子说："齐国（的政治和教育）一有改革，便达到鲁国的样子；鲁国（的政治和教育）一有改革，便进而合于大道了。"

古语智慧

孔子对于国家的评价，并不是建立在物质财富的基础上的，而是以"仁政"为基础，物质财富是果，是现象，如果为了物质财富而施行霸道，虽然可以暂时地得到，但是终会失去。施行仁政，同样可以获得物质财富，虽然慢一些，但是长久，而且百姓的生活安定，精神生活和物质生活同时进步，这样的安定才是长久的。古今道理相通至此。

二十五

子曰："觚（gū）不觚，觚哉！觚哉！"

古语译读

孔子说："觚不像个觚，这是觚吗？这是觚吗？"

古语智慧

在孔子的思想中，周礼是根本，是不可更改的，甚至是神圣不可侵犯的。因此，当他看到社会中“君不君，臣不臣，父不父，子不子”的状况时，感到十分痛心。

在现代社会，发生的许多事也会让我们发出和孔子一样“觚不觚，觚哉！觚哉”的慨叹，这使得我们不得不向往崇尚“礼”、崇尚“父慈子孝、兄友弟恭、夜不闭户、路不拾遗”的时代。

二十六

宰我问曰：“仁者，虽告之曰：‘井有仁焉，其从之也？’”子曰：“何为其然也？君子可逝也，不可陷也；可欺也，不可罔也。”

古语译读

宰我问孔子说：“有仁德的人，告诉他‘井中有仁人在那儿’，他会不会跟着入井呢？”孔子说：“为什么要这样做呢？君子可以让他离去，却无法陷害他；可以欺骗他，却无法愚弄他。”

古语智慧

助人为乐，救人于危难，这是我们都应该具有的一种品质，也是我们应该在现实生活中去实践的。但是，前提是不要让自己也身处险境，也就是说，助人、救人可以，但不要盲目、冲动，否则很可能会救人不成，反而让自己也陷入险境。正确的做法是要用理智的头脑去拯救别人。救人于水火，是拯救正义、仁德于心，而不是做无所谓的牺牲。

关于这一点，尤其是要告诉我们的孩子，当小伙伴身处险境的时候，千万不要贸然去营救，而是应该以最快的方式和速度去告诉周围的大人。

二十七

子曰："君子博学于文，约之以礼，亦可以弗畔矣夫！"

古语译读

孔子说："君子广泛地学习文献，再用礼节约束自己，也就可以不致于离经叛道了。"

古语智慧

孔子这句话的意思是，先要明理，然后守礼，最后才能开智。现实生活中，很多人都明理，但是却很狂妄，觉得没必要拘这些小的戒律跟礼节，这样就很容易会离经叛道了。而只有博学才能丰富自己，只有用道德加以规范才能提高生命的品质。若能两相并举，互不偏废，才终会有所成。

或许有人会说，这样岂不是墨守成规，还如何谈创新发展？其实并非如此，创新发展并非是要离经叛道，而是要冲破旧俗的樊篱，收获希望。

二十八

子见南子，子路不说。夫子矢之曰："予所否者，天厌之！天厌之！"

古语译读

孔子会见南子，子路很不高兴。孔子对天发誓说："如果我有不对的行为，请天厌弃我！请天厌弃我！"

古语智慧

地位显赫、美貌如花的南子如果没有对学问的钦羡，对真理的仰慕，对理想人格的敬仰，就不会对五十七岁的老夫子如此温情、谦卑地相邀了。因此，孔子也不曾因南子曾有轻薄之行，而否定其求知的欲望。

现实生活中，我们考量一个人，要有自己的立场，绝不能主观臆断，更不能听信谣言，或是将自己的思想强加于人。

人物链接

南子：春秋时卫灵公夫人，绝美无比，但行为淫乱。

二十九

子曰："中庸之为德也，其至矣乎！民鲜久矣。"

古语译读

孔子说："中庸这种道德，是最高的了，人们缺乏它已经很久了。"

古语智慧

很多人将中庸与明哲保身、圆滑世故联系在一起，认为中庸是一种妥协的标识。其实，中庸并非圆滑世故、老谋深算。这种中庸的思想可以让人们在实际生活中避免事事与人斤斤计较，处处与人擦枪走火。这样无益于自我道德的修养，更无益于同他人的相处。即使你满腹经纶、一腔热血，也会落得个壮志未酬身先死的悲壮结局。

三十

子贡曰："如有博施于民而能济众，何如？可谓仁乎？"子曰："何事于仁！必也圣乎！尧舜其犹病诸！夫仁者，己欲立而立人，己欲达而达人。能近取譬，可谓仁之方也已。"

古语译读

子贡问道："假如有这样一个人，广泛地对人们给予好处，并帮助人们渡过难关，这人怎么样？可以说是仁了吗？"孔子说："岂止是仁呢！那一定是达到圣的境界了。即使尧舜也难以做到！所谓仁，就是自己要站得住，也让别人站得住；自己要通达，也让别人通达。能够从身边的事例做起，这就可以说是仁的路向了。"

古语智慧

"己欲立而立人，己欲达而达人"是实行"仁"的重要原则。"推己及人"就做到了"仁"。在后面的章节里，孔子还说了"己所不欲，勿施于人"等。这些都说明了孔子关于"仁"的基本主张。对此，我们到后面还会提到。总之，这是孔子思想的一个重要方面，是社会基本伦理准则，在今天同样具有重要价值。

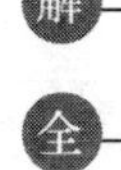

述而篇

学而承之，传而弘之

《述而篇》主要讲述了孔子的教育思想和学习态度，孔子对仁德等重要道德范畴的进一步阐释以及孔子的其他思想主张。

文化的发展在于承继前贤古学，而弘扬文化更在于创新进取，催生智慧。学习既是传承，又是创新。传承是汲取精华的传承，创新是摒弃刻意标新立异的发展。掌握学习的方法，学会思考。只有学习的人生，才是充实的人生，最美好的人生。面对竞争日益激烈的社会生活，我们没有理由不学习，也没有理由厌弃学业。『吾生也有涯，而知也无涯。』人的生命是有限的，放下虚浮，放下骄躁，潜心学业，不要为自己的人生留下遗憾，在学与思的过程中修养自己的美德操守。

一

子曰："述而不作，信而好古，窃比于我老彭。"

古语译读

孔子说："只阐述以前的文化而不从事创作，崇信并爱好古代文化——我私下将自己与老子和彭祖相比。"

古语智慧

学问在于承继前学，开启创新。要名副其实，而非装潢门面。时下一些所谓的学者基础知识的积累还未完备，就急于建构学术体系的空中楼阁；而先贤大师，学富思博，着笔朴素，著术不多，却能流传千古，影响后世。述而不作当然是孔子的一种自谦，对今天的学者有着极大的教育意义。

人物链接

老子：字伯阳，又称老聃，后人称其为"老子"，河南鹿邑县人。是我国古代伟大的哲学家和思想家，道家学派创始人，世界文化名人。

彭祖：古代养生学家。据古代典籍记载，彭祖是颛顼的玄孙，相传他历经唐虞夏商等代，活了八百多岁。

二

子曰："默而识之，学而不厌，诲人不倦，何有于我哉？"

古语译读

孔子说："默默地将（所见所闻）记在心里，学习从不满足，教导他人从不疲倦——这些事情我做到了什么呢？”

古语智慧

学习是个循序渐进的过程。静下心来，投入到知识的海洋中，快乐的学习，对学问产生极大的兴趣，才不会觉得厌倦，才会积累更多的知识。教育是一种德的传播，也需要极大的兴趣。如果“诲人”而不知道厌烦，其一，你有很好的耐心；其二，你有传播知识的兴趣。二者结合，你对“德”的修养就更上一个台阶了。

三

子曰：“德之不修，学之不讲，闻义不能徙，不善不能改，是吾忧也。”

古语译读

孔子说：“品德不加以培养，学问不予以讲求，听到道义所在不能前往，有缺点错误不能改正——这是我的忧虑。”

古语智慧

圣人之忧往往超脱常人的标准，大到世道人心、家国命运，小到人的修养为学都会有所涉猎，甚至还会对时光倥偬、人生飘忽有所感叹。因此，在现实生活中，作为授业者，应着重启迪求知者的心智，培养他们健全的人格和道德修养，而不应将教育的重点完全依托于分数。单纯追求分数的现状，是一个令人无奈的教育事实，也背离了教育的初衷。

四

子之燕居，申申如也，夭夭如也。

古语译读

孔子退朝闲居时，看上去很整齐的样子，很舒展和乐的样子。

古语智慧

生活是一种态度，一种境界。保持一种恬淡从容的心态，不但能安享生活的乐趣，更能修身养德。所以我们应该努力做到：既不欣喜若狂，也不愁眉苦脸，保持生活的快乐，使心情愉悦，以一颗平常心待人处世，轻松地度过人生的每一个白天和黑夜。

五

子曰："甚矣吾衰也！久矣吾不复梦见周公！"

古语译读

孔子说："我衰老得多么厉害呀！我好长时间没有再梦见周公了！"

古语智慧

这应该是孔子晚年所说的话。当时，他倍感社会形势的不容乐观，自己肩上担子的沉重，而且更可忧的是自己年事已高，天年不多。夫子这种为国为民鞠躬尽瘁的精神，值得尊敬，也是我们后世人学习的榜样。

六

子曰："志于道，据于德，依于仁，游于艺。"

古语译读

孔子说："以道为志向，以德为根据，以仁为依托，以六艺为学习的范围。"

古语智慧

人生对于道、德、仁、艺这四种文化思想上修养的要点都要懂，这四个重点的前半部分"志于道，据于德"包括了精神思想；后半部分"依于仁，游于艺"作为生活处世的准绳，是他全部的原则。每个人，只有具备的这四点，人生才能得到均衡的发展。

七

子曰："自行束脩（xiū）以上，吾未尝无诲焉。"

古语译读

孔子说："只要是带十条干肉为礼来主动求见的，我从没有不对他给予教诲的。"

古语智慧

孔子这句话的意思自然不是跟学生要腊肉，而是说凡是那些能反省自己，检讨自己而又肯上进向学的人，他都会认真教诲。

反观如今的教育现状：商业化、市场化的教育体系，贵族学校设立，剥夺了广大好学的平民子弟，一种变相的教育歧视，将无数纯真好学的求知者拒之门外，用金钱构筑的壁垒，助长了受教育者浮华、攀比的心理，危害了心灵谦恭的美德。教育是为了提高民族素质，培养德才兼备的人才，建设更加美好的和谐家园，因此孔子“有教无类”的教育思想在今天仍然值得我们推崇和遵循。

八

子曰：“不愤不启，不悱（fěi）不发。举一隅不以三隅反，则不复也。”

古语译读

孔子说：“教导学生，不到他们想问题却想不清、想表达却说不出的时候，我不会去启发他。教给他处理问题的一个侧面，而不能推知其他方面的问题，我就暂时不再教他新的东西了。”

古语智慧

这是孔子在教育过程中的经验之谈，他觉得老师一言堂地给学生灌输，未必能够取得良好的教学效果。关键在于怎样启发学生自己去思考和琢磨，也就是说，不是让老师替学生去举一反三、反复列举，而是启发学生去举一反三、触类旁通。要做到这一点，就必须坚持一个原则：不要轻易地把答案告诉学生，也不要过多地替学生思考，更不要给学生灌输标准答案。这一经验，是非常值得我们今天的教育者在教学中思考和借鉴的。

九

子食于有丧者之侧，未尝饱也。

古语译读

孔子在死了亲属的人旁边吃饭，不曾吃饱过。

古语智慧

丧者，是指刚刚失去亲人的人，孔子去参加葬礼，在丧者面前吃饭从来都不会吃饱，因为他会有感于丧者的悲伤，去吃饭只是一个形式，主要是为了安慰丧者的痛苦，这是一种极其人性化的礼节。

反观今天社会上一些去参加葬礼的人，不仅会在席间大吃大喝，有时候还会高谈阔论，就像是来参加一个普通的宴会一样。这样既是对丧主和逝者的不尊重，也是自身缺教养和素质的表现。

十

子于是日哭，则不歌。

古语译读

孔子在这一天哭泣过，就不再唱歌。

古语智慧

从这段记载中可以得知，孔子是一个通体透明的人，有着真性情，真感情。现实生活中，这样的人越来越少了，许多人都在戴着面具活着，或许，对于为人处世来说，这是一种不得已的选择，但从人性的角度来看，何尝不是另外一种悲哀呢？

十一

子谓颜渊曰："用之则行，舍之则藏，惟我与尔有是夫！"

子路曰："子行三军，则谁与？"

子曰："暴虎冯河，死而无悔者，吾不与也。必也临事而惧，好谋而成者也。"

古语译读

孔子对颜渊道："用我呢，就干起来；不用呢，就藏起来。只有我和你才能这样吧！"

子路说："您若率领军队，找谁共事？"

孔子说："赤手空拳和老虎搏斗，不用船只去渡河，这样死了都不后悔的人我是不和他共事的。（我所找他共事的）一定是面临任务便恐惧谨慎，善于谋略而能完成的人哩！"

古语智慧

一滴水，只有融入大海才不会干涸，团队的力量正在于此。一个再有能力的人，也比不过一个由许多平庸的人组成的团队。当然，当你准备加入一个团队，或者准备为自己的团队挑选成员的时候，一定要遵循一定原则，比如说，要找与自己能力互补的人，要找在某一方面有特长的人，这样你才能打造一个强有力的团队。

十二

子曰："富而可求也，虽执鞭之士，吾亦为之。如不可求，从吾所好。"

古语译读

孔子说："财富假如可以求取的话，即使市场上的守门人我也愿意干。假如不可求取，还是干我所喜欢的吧！"

古语智慧

孔子在这里又提到富贵与道的关系问题，他认为，只要合乎于道，富贵才可以去追求；如果不合乎于道，就不能去追求，他就去做自己喜欢做的事情。由此可见，孔子不反对做官，也不反对发财，但前提是必须符合于道，这是原则问题。

正所谓，君子爱财，取之有道。劳动是创造财富的途径，也是改变生命和生活现状的手段。劳动有工种之别，没有高低贵贱之分。只要我们利用自己的双手和才智去创造财富，就会创造理想的人生，就会赢得社会的认可。如果取之无道，即使腰缠万贯，也会被众人所不齿，失德之举更会遭众人唾弃。

十三

子之所慎：齐，战，疾。

古语译读

孔子小心谨慎的事有三样：斋戒、战争、生病。

古语智慧

净化心灵，清除杂念，摒除过多欲望，对所要祭祀的对象怀有最真诚的敬意，孔子对"斋"非常谨慎小心；因为深知战争的危害，特别是给人民带来的痛苦，给人类文明成果带来的破坏，所以孔子从不轻言战争；孔子慎重于卫生、保健，这是养生之道。他非常注意自己身体健康，重视对疾病的治理，同时也非常关心他人的疾患与健康情况。

推及到今时今日，我们应该做到：治国理政应富国强兵，不挑起战争，不奢靡铺张，也不愚弄百姓，而要使百姓安居乐业。

十四

子在齐闻《韶》，三月不知肉味，曰："不图为乐之至于斯也。"

古语译读

孔子在齐国听了韶乐，过了好几个月还尝不出肉味，他说："想不到音乐会达到这样的效果。"

古语智慧

世上从来不缺乏美好的东西，而是缺乏欣赏它的眼睛，缺乏能够为之怦然心动的灵魂。对一件事投身其中，潜心对待，不被外物所诱惑，才能达到一种高深的人生境界。然而令人遗憾的是，在现实生活中，浮躁、包装之风盛行，有的人一夜暴富，一举成名，方法只需一堆钞票；有的商品只需几则名人广告就会家喻户晓，被造就为名牌。如此成名之路，不免令人叹息。

十五

冉有曰："夫子为卫君乎？"子贡曰："诺；吾将问之。"

入，曰："伯夷、叔齐何人也？"曰："古之贤人也。"曰："怨乎？"

出，曰："夫子不为也。"

古语译读

冉有道："老师赞成卫君吗？"子贡说："好罢；我去问问他。"

子贡进到孔子屋里，说："伯夷、叔齐是什么样的人？"孔子说："是古代的贤人。"子道说："（他们两人互相推让，都不肯做孤竹国的国君，结果都跑到国外，）是不是后来又有怨悔呢？"孔子说："他们求仁德，便得到了仁德，又怨悔什么呢？"

子贡走出，答复冉有说："老师不赞成卫君。"

古语智慧

卫氏祖孙三代，都是没有仁德之人，为了争夺王位，互相残杀。因此，孔子是不可能去辅佐卫君的。此处表明了孔子对礼视人的原则，以及坚定自己的立场不会因利诱所动的信念。

反观现实生活中的一些人，为了利益，往往会失去做人做事的准则，甚至会做出一些违反道德、违背良心的事情。与圣人的坚定信念相比，我们不禁汗颜。

十六

子曰："饭疏食饮水，曲肱而枕之，乐亦在其中矣。不义而富且贵，于我如浮云。"

古语译读

孔子说："吃粗饭，喝白水，弯着胳膊当枕头，这种生活中也有着快乐。行不义之事而得来的富贵，在我看来好比天上的浮云。"

古语智慧

古人能吃糙米、食冷羹而读万卷书，济世救民，养家糊口。在物质生活日益丰富的今天，我们更应知足而奋进。在简朴的生活中寻觅优雅，在苦闷的生活中调理情趣，在困顿的日子里捕捉人生的真意。

十七

子曰："加我数年，五十以学《易》，可以无大过矣。"

古语译读

孔子说："让我多活几年，到五十岁的时候去学习《易》，便可以没有大过错了。"

古语智慧

孔子曾说自己"五十而知天命"，由此可见，他把学《易》与"知天命"联系在了一起。也就是说，他主张认真研究《易》，是为了使自己的言行符合于"天命"。因此，他对《周易》可以说是爱不释手，曾把穿竹简的皮条翻断了很多次。

孔子这种活到老、学到老的刻苦钻研精神，值得我们后人学习。

十八

子所雅言，《诗》、《书》、执礼，皆雅言也。

古语译读

孔子有用普通话的时候，读《诗》，读《书》，行礼，都用普通话。

古语智慧

孔子是鲁国人，平时说话讲的自然是鲁国方言。但是，当他以老师的身份教授学生的时候，用的却都是普通话（当时陕西语音为官话，即普通话）。

由此可见，孔子对于生活中的语言、教学中的语言以及参加礼仪活动中的语言是会区分场合得体地来处理的。这是一个好的教育家德行和操守的完美体现，也是现代教育者们应该继承和发扬的品质和精神。

十九

叶公问孔子于子路，子路不对。子曰："女奚不曰，其为人也，发愤忘食，乐以忘忧，不知老之将至云尔。"

古语译读

叶公向子路问孔子的情况。子路没有回答。孔子说："你为什么不这样回答：他的为人，发愤用功时会忘了吃饭，快乐起来会忘记忧愁，连自己将要衰老都不知道，如此罢了。"

古语智慧

孔子的这段话给了我们两种启示：一是要尊师重道。二是为学要苟日新，日日新。

尊师重道是指尊敬师长，重视老师的教导，是中华民族传统美德，古往今来，代代相传。它从另一个侧面体现了中华民族的聪明智慧。

学习永无止境，有好学者学而不厌，乐在其中，忘记了忧愁，忘记了时光的流逝。外物的华丽不能移其志，他人的非议不能动摇其心。

在崇尚物质享受的时代，有几人能独守其志，享受这份从容和专注所带来的优雅、乐趣的人生呢？

人物链接

叶公：芈姓，楚国叶县尹沈氏，名诸梁，字子高。

二十

子曰："我非生而知之者，好古，敏以求之者也。"

古语译读

孔子说："我并不是生下来就懂得那么多的人，而是热爱古代文化，勤奋敏捷地求得的人。"

古语智慧

孔子在这里否认了自己是天才，并且总结出成功的两条经验：好古和勤学。

孔子的这番话就是在告诫我们，应该要用愉悦的心情刻苦学习，用高尚的情操规范行为，遍览群书，博学多思。不挥霍青春，不浪费生命，用执着的求学精神，活跃的思维，自强不息，创新学习，提高自己的学识和智慧，这样才能在日益激烈的现代竞争中立于不败之地。

二十一

子不语怪，力，乱，神。

古语译读

孔子不谈怪异、勇力、叛乱和鬼神。

古语智慧

孔子经常教育弟子们，对于鬼神要敬而远之，君子当正道在心。如果自己不以正念做主而去崇拜鬼神，就很可能会被鬼神所制。孔子是这样教育弟子们的，当然，他自己也是以身作则的，他也从不谈论与鬼神有关的事情。

古往今来，榜样的力量都是无穷大的。尤其对于为人师表的教育者来说，要想让自己的学生能够成为德智体美劳全面发展的人，必须在各个方面为他们做出表率才行。

二十二

子曰："三人行，必有我师焉：择其善者而从之，其不善者而改之。"

古语译读

孔子说："几个人在一起走路，其中必定有值得我学习的人：我选取那些好的方面来学习，找出那些不好的方面来改正。"

古语智慧

这句话，体现了孔子自觉的修养，虚心好学的精神。它包含了两个方面：一方面，择其善者而从之，即见人之善就学，是虚心好学的精神；另一方面，其不善者而改之，即见人之不善就引以为戒，反省自己，是自觉修养的精神。

现实生活中，我们不仅能从书本上学习知识，也能从他人身上学习知识，同时还可以从大自然中学习知识。就像孔子所说的，人不分贤愚、出身，人人皆可为我师。

二十三

子曰："天生德于予，桓魋（tuí）其如予何？"

古语译读

孔子说："天在我身上生了这样的品德，那桓魋将把我怎样？"

古语智慧

公元前492年，孔子从卫国去陈国时经过宋国。桓魋知道后带兵去害孔子，孔子在学生保护下，离开了宋国。在逃跑途中，他说了这句话。他认为自己的仁德是上天赋予他的，因此桓魋对他是无可奈何的。不过，虽然知道桓魋奈何不了自己，但是他却还是躲了。

这段话给了我们两个启示：一个人，无论何时都要充满自信，有坚定的信念；遇到危险时不可莽撞，要采取"战略上藐视，战术上重视"的策略去应对。

二十四

子曰："二三子以我为隐乎？吾无隐乎尔。吾无行而不与二三子者，是丘也。"

古语译读

孔子说：“你们这些学生以为我有所隐瞒吗？我对你们是没有隐瞒的。我没有一点不向你们公开，这就是我孔丘的为人。”

古语智慧

“师者，传道授业解惑也。”韩愈的这句话既道出了教育者的心声，也再一次向教育者重申了自身的责任和义务。在教育的过程中，不应该对学生有所保留，在他们能够承受的范围内，要给予他们百分之百的教导和帮助，这才不失为师长的风范。

二十五

子以四教：文，行，忠，信。

古语译读

孔子用四种内容教学生：历代文献，社会生活的实践，对待别人的忠心，与人交际的信实。

古语智慧

这一章主要讲的是孔子教学的内容。当然，这里所涉及的也只是他教学内容的一部分。在孔子看来，除了书本知识和实践活动之外，还要让学生养成忠、信的德行。概括起来讲，孔子的授业之道就是书本知识，社会实践和道德修养三方面的结合。这一点，同样值得我们现代教育者借鉴和学习。

二十六

子曰："圣人，吾不得而见之矣；得见君子者，斯可矣。"

子曰："善人，吾不得而见之矣；得见有恒者，斯可矣。亡而为有，虚而为盈，约而为泰，难乎有恒矣。"

古语译读

孔子说："圣人，我是无法看见了。能够看到可称为君子的人，就算不错了。"

孔子说："善人，我是无法看见了。能够看到有一定操守的人，就不错了。那种没有却装作有，空虚却装作充足，穷困却装作宽裕（的人），是很难保持一定操守的。"

古语智慧

无论工作上还是生活中，我们都要做一个有操守的人，面对生活中的诱惑要做到化解和规避。生活，有时候没有抉择就分不出轻重，没有抉择就没有针对性。面对物质利益和诱惑，主宰自己也许是件不容易的事情，但只有按照规矩洁身自好，言行一致，才能成为一个有操守的人，也能够引领社会风气向上向好。

二十七

子钓而不纲，弋（yì）不射宿。

古语译读

孔子钓鱼，不采用在长绳上系满钓钩的方式钓；孔子射鸟，不射已经归巢的鸟。

古语智慧

天地盛大的功德在于孕育了万物，万物各具性情快活地遵循着大自然的规律，它们的生命同样值得珍惜。作为一个七情六欲俱全，人格健全丰满的人，孔夫子不拒绝钓鱼，也不拒绝狩猎，但他却有着发乎温暖人性的自我严格限定。

给欲求加以律约，就不至于膨胀成贪婪。我们生活在这个地球，我们要感恩山川万物，致意自然生灵，这样我们生活的家园才会更加的和谐、美好。

二十八

子曰："盖有不知而作之者，我无是也。多闻，择其善者而从之；多见而识之；知之次也。"

古语译读

孔子说："有那么一种自己不了解却擅自造作的人，我没有这种毛病。多多地听，选择好的部分加以接受；多多地看，把它们记在心里，这也接近于'生而知之'了。"

古语智慧

做人做学问，最忌讳装腔作势，或是不明就里，只凭道听途说便滔滔不绝，尽显自我"本领"。只有做到广博地去听、去看，去深入地思考，我们才能从中萃取精华，才能提升知识的精度和纯度，才能使精深微妙的思想得以流传。

二十九

互乡难与言，童子见，门人惑。子曰："与其进也，不与其退也，唯何甚？人洁己以进，与其洁也，不保其往也。"

古语译读

互乡这地方的人难于交谈，一个童子得到孔子的接见，弟子们疑惑。孔子道："我们赞成他的进步，不赞成他的退步，何必做得太过？别人把自己弄得干干净净而来，便应当赞成他的干净，不要死记住他那过去。"

古语译读

君子不念旧恶。每个人都会犯错，我们不能因为一次错误就彻底否定一个人。俗话说，有错能改，善莫大焉。如果能够给犯错的人一次改正的机会，就可以在很大程度上引他走上正途，否则他可能会在错误的道路上越走越远。宽容别人，是最大的美德。

三十

子曰："仁远乎哉？我欲仁，斯仁至矣。"

古语译读

孔子说："仁离我们很远吗？我想要仁，仁就来了。"

古语智慧

爱只在心里，不在远处，你想，它就会出来，你不想，它就隐藏着。但仁爱往往会对别人会有一种好处，而我们狭小的胸襟，恐惧别人得到好处，怕自己失去利益，而宁可痛苦地看着别人痛苦，也不愿看到别人的快乐。其实你爱人了，自己才得到更多的快乐。

三十一

陈司败问昭公知礼乎，孔子曰："知礼。"

孔子退，揖巫马期而进之，曰："吾闻君子不党，君子亦党乎？君取于吴，为同姓，谓之吴孟子。君而知礼，孰不知礼？"

巫马期以告。子曰："丘也幸，苟有过，人必知之。"

古语译读

陈司败向孔子问鲁昭公懂不懂礼，孔子道："懂礼。"

孔子走了出来，陈司败便向巫马期作了个揖，请他走近自己，然后说道："我听说君子无所偏袒，难道孔子竟偏袒吗？鲁君从吴国娶了位夫人，吴和鲁是同姓国家，（不便叫她做吴姬，）于是叫她做吴孟子。鲁君若是懂得礼，谁不懂得礼呢？"

巫马期把这话转告给孔子。孔子道："我真幸运，假若有错误，人家一定给指出来。"

古语智慧

鲁昭公娶了同姓女为夫人，这本身已经违反了礼的规定，但孔子却说他懂礼。由此可以看出，孔子是在有意偏袒鲁昭公，即"为尊者讳"。而这种做法自然与他一直所秉持的以礼衡量天下的原则有了冲突。好在，孔子也是知道这一点的，所以他最后自嘲地说："丘也幸，苟有过，人必知之。"他承认在这件事上自己有过错，只不过他无法解决这个矛盾。

人非圣贤，孰能无过？圣人也会有犯错的时候，难能可贵的是他能够认识到自己的错误并去积极改正，而不是像有些人，明知道自己做错了，却打死也不认账，有的甚至还强词夺理。与圣人自知、自嘲的胸怀相比，真是相去甚远矣。

三十二

子与人歌而善，必使反之，而后和之。

古语译读

孔子同别人一道唱歌，如果唱得好，一定请他再唱一遍，然后自己又和他。

古语智慧

《述而》这一章特别值得注意，因为这里面展现了一个可亲可敬的孔子形象，尤其是这一段描述，更是把孔子充满常人气质的形象活脱脱地表现了出来。

古时候虽然没有卡拉OK，但在一些诸如宴会或其他喜庆的场合，人们也会以歌助兴，孔子似乎很热衷于这种游戏。孔子之所以很喜欢音乐，是因为音乐本身就是礼乐的重要组成部分，而且音乐不仅能使身心愉悦，而且可以增加参与者之间的感情，增加人与人之间的团结和谐。

由此可见，孔子并不是一个唯书本是命的书呆子，也懂得娱乐消遣，游乐于六艺之间。这也在教导我们，不应该死读书，读死书，要学会一张一弛。

三十三

子曰："文，莫吾犹人也。躬行君子，则吾未之有得。"

古语译读

孔子说："书本上的学问，大约我同别人差不多。在生活实践中做一个君子，那我还没有成功。"

古语智慧

孔子在文学、礼法以及其他诸多方面的成就，已经达到了巅峰，但是他始终不认为自己有多了不起。这不是有意在装，而是因为站在了顶峰，所以他才真正明白了，面对这浩瀚宇宙，自己其实懂得太有限了，不敢以已有的学识而感到满足。所以，这既是孔子的谦虚话，也是大实话。

谦虚使人进步，骄傲使人落后。这句话，古今同理。

三十四

子曰："若圣与仁，则吾岂敢？抑为之不厌，诲人不倦，则可谓云尔已矣。"公西华曰："正唯弟子不能学也。"

古语译读

孔子说："至于说圣与仁，我怎么敢当？只不过学习从不满足，教导别人从不厌倦，那倒可以说已经做到这样了。"公西华说："这正是我们这些学生学不到的。"

古语智慧

圣人周身洋溢着恬淡、谦逊的气质，落落风致，无视生死，不厌弃世事，也不轻蔑他人，心中有大道，乐观向上。有着不为物役，不为时困的豁达；有着对仁德的崇尚，对礼乐智信始终不渝的信念。毕生为之而不厌，谆谆教诲而不倦，将有限的生命投入到无限的心灵构造事业中。

这是孔子谦虚的表现，说自己比圣人、仁人差得很远，相比之下，今天到处宣称自己是著名专家、教授的那些人，难道不觉得汗颜吗？

三十五

子疾病，子路请祷。子曰："有诸？"子路对曰："有之；《诔（lěi）》曰：'祷尔于上下神祇。'"子曰："丘之祷久矣。"

古语译读

孔子病重，子路请求祈祷。孔子说："有这回事吗？"子路答道："有的；《诔文》说过：'替你向天神地祇祈祷。'"孔子说："我早就祈祷过了。"

古语智慧

在这里，孔子再一次表现出一个类似无神论者的智者形象，他说，自己一生都在修身正行，天天都在按照神祇的要求积累功德，已经祈祷了一辈子了，你（子路）何必还要这么做呢？人生的祸福要靠自己把握，为了几年苟延残喘的生命，就去与鬼神做交易，这种事还是不要做的好。正如他自己曾经说的，"死生有命，富贵在天。"这种面对生死的问题时豁达、开通的品性，值得我们推崇和学习。

三十六

子曰："奢则不孙，俭则固。与其不孙也，固。"

古语译读

孔子说："奢华就显得不谦逊，俭朴就显得简陋。与其不谦逊，宁可简陋。"

古语智慧

用现代的观点延伸来理解，"奢则不孙"中所说的奢侈不再仅仅是物质享受上的奢侈，而是广义的奢侈，比如喜欢浮夸、做事爱出风头，等等。奢侈惯了，开放惯了的人，最容易犯不逊的毛病，一点都不守规矩。而"俭则固"中的俭也不再再仅仅是用钱上的节省，而是具有广义的的意思，比如慎重、不马虎，脚步站得稳，根基比较稳定，等等，用现代的话来说就是脚跟踏实一点。虽然有时候脚踏实地会让机会少一些，但是绝不会有大的错误或失败出现；反之，开放的人成功机会多，失败机会也同样多。因此，以人生的境界来说，还是俭而固的好。

三十七

子曰："君子坦荡荡，小人长戚戚。"

古语译读

孔子说："君子胸怀平坦宽阔，小人经常忧愁恐惧。"

古语智慧

真正的君子，肩挑正义，胸襟开阔，无所怨尤，堂堂正正地做人；鸡鸣狗盗的小人，则往往有着无尽的欲求，终日苦思冥想着名利，终夜辗转反侧，患得患失，求之不得时苦思冥索，利益在握时又忧虑被人抢占，所以心绪难宁。

快乐是生活，忧愁着也得活下去，那么，我们何不坦坦荡荡，高尚而快乐的生活呢？

三十八

子温而厉，威而不猛，恭而安。

古语译读

孔子温和而又严厉，威严而不凶猛，庄重而又安详。

古语智慧

要做到"温而厉"，就要在与人交谈时语气温和而有礼貌，同时还必须做到严厉。当然，这里所说的"严厉"并不是语气和用语的严厉，而是对原则问题的坚持。要做到"威而不猛"，就要做到"不怒而令人敬畏"。要做到"庄重而安详"，就要做到有内涵、有责任、有信念、有气度、有历练、有献身精神。

总之，孔子是在教导我们，要多读书，修身养性，多历练，这样人生才能圆满、无憾。

泰伯篇

至德无言，大智不彰

《泰伯篇》主要讲述了孔子及其学生对尧、舜、禹等古代先王的评价，孔子教学方法和教育思想的进一步发挥，孔子道德思想的具体内容以及曾子在若干问题上的见解。

有大德者，顺乎民意，执政兴国；有至德者，让贤于人，推举有德之人执政。注重道德修养的人，不屑于加冠虚名，而在乎躬身实践，谋利于万民。盛德者效法天地，施仁德于四方，惠及宇内；大智者承载前贤之志，笃信好学，死守善道。处世为人当以此为楷模，修身养性，培养德操。德之所养，如春雨之润物，非一日之功，却能渐次而浸，滋养万物。

一

子曰："泰伯，其可谓至德也已矣。三以天下让，民无得而称焉。"

古语译读

孔子说："泰伯，可以说是品德达到最高境界的了。三次把天下让给季历，人们简直找不到合适的话来称赞他。"

古语智慧

礼让天下，需要很大的胸襟，殊不知，多少人为了争夺天下，骨肉相残，为了蝇头小利，怨天尤人。

现代社会，虽然我们不用了为争夺天下而互相厮杀，但现实生活中、工作中的竞争却也十分激烈。我们不反对竞争，合理的、良性的竞争会促进社会的发展，但我们要摒弃不择手段的恶意竞争。

人物链接

泰伯：周大王古公亶父之长子。有弟仲雍，季历。泰伯、仲雍二人奔逃荆蛮，文身断发。泰伯自号句吴，为春秋吴国始祖。

二

子曰："恭而无礼则劳，慎而无礼则葸，勇而无礼则乱，直而无礼则绞。君子笃于亲，则民兴于仁；故旧不遗，则民不偷。"

古语译读

孔子说："只知外表谦恭而并不真的懂礼，就会烦劳不安；只知谨言慎行而并不真的懂礼，就会畏葸多惧；只知胆大敢为而并不真的懂礼，就会犯上招祸；只知心直口快而并不真的懂礼，就会尖刻伤人。君子对亲族感情深厚，老百姓就会走向仁德；对旧交不加遗弃，老百姓就不会对人感情淡薄。”

古语智慧

对人要有恭敬之情，但是绝对的毕恭毕敬，唯命是从，就会沦为被他人役使的奴才。处事要谨慎，但过于谨小慎微，如履薄冰，就会畏首畏尾，懦弱而丧失勇气。勇者无惧，敢作敢为，但绝对的无所顾忌，只会鲁莽行事，逞匹夫一时之勇。爽直洒脱是做人的真性情，但一味地口无遮拦，就很容易因言辞不妥而伤人害己。

总之，恭、慎、勇、直是做人的四种美德，但用之不当或是用之过度就都会适得其反。

三

曾子有疾，召门弟子曰：“启予足！启予手！《诗》云：‘战战兢兢，如临深渊，如履薄冰。’而今而后，吾知免夫！小子！”

古语译读

曾子生了病，召来学生们说：“拉伸我的脚，拉伸我的手！《诗经》上说：‘小心啊！谨慎啊！如同来到深渊边，如同走在薄冰上。’从今以后，我才知道可以免于祸害了！学生们！”

古语智慧

孔子曾对曾参说过：“身体发肤，受之父母，不敢毁伤，孝之始也。”曾子在临终前这番话表明自己体肤完好，遵守了孝道。

其实，人生艰辛，命运多舛。对于生命，无论过去经历过什么样的磨难，其实都是微不足道的，不论多少的困苦，最终都会被岁月的尘埃所掩盖，而熠熠生辉的是生命的价值，走过此生，我们有什么理由不为之欣喜、欣慰的呢？

四

曾子有疾，孟敬子问之。曾子言曰：“鸟之将死，其鸣也哀；人之将死，其言也善。君子所贵乎道者三：动容貌，斯远暴慢矣；正颜色，斯近信矣；出辞气，斯远鄙倍矣。笾豆之事，则有司存。”

古语译读

曾子生了病，孟敬子去探望他。曾子说：“鸟快要死的时候，叫声是悲哀的；人快要死的时候，说出的话是善意的。在上位的君子应在三个方面予以重视：严肃自己的容貌，就可以避免别人的粗暴和轻慢；端正自己的脸色，就显得诚实可信；注意说话的言辞和声调，就可以避免鄙陋悖理。至于礼仪的具体细节，则有主管的人员。”

古语智慧

当生命走到尽头，一切的荣辱得失，一切的争权夺利，一切的一切都已成为过去，现世渐渐退隐而恍若彼岸。此时，对于生命会有另一种亲切地留恋，也有一种痛惜和“悔悟”，也许就像人们常说的“良心发现”吧？但一切终将落下帷幕，又何必虚浮？

人物链接

孟敬子：仲孙氏。名捷。鲁国大夫。

五

曾子曰："以能问于不能，以多问于寡；有若无，实若虚；犯而不校——昔者吾友尝从事于斯矣。"

古语译读

曾子说："自己才能高，却向没有才能的人请教；自己学识丰富，却向学识不多的人请教。有才能，却像没有才能的样子；学识很充实，却像学识空虚的样子。别人触犯自己，自己并不与之对抗。从前我的一位朋友曾这样做了。"

古语智慧

中国是一个非常讲究面子的国家，这便让许多人为了维护面子而不懂装懂，尤其是家长在孩子面前，老师在学生面前，上司在下属面前。这些身处"高位"的人往往很难做到"以能问于不能"，因为在他们看来，这是一件很没面子的事情。殊不知，不懂得"不耻下问"才是真正的没面子，而且还会影响个人的发展和提高。

因此，要想成为一个真正让人尊敬的人，就应该做到在学习上，既要向有知识、有才能的人学习，又要向知识少、才能平常的人学习。在为人处世方面，要始终保持谦虚不自满的态度，表现出宽广的胸怀和忍让的精神。

六

曾子曰："可以托六尺之孤，可以寄百里之命，临大节而不可夺也——君子人与？君子人也。"

古语译读

曾子说：“可以把幼小的孤儿和国家的命脉都交付给他，面临安危存亡的紧要关头，却不动摇屈服——这种人，是君子吗？是君子哩。”

古语智慧

临危不惧，受命于危难之中，古往今天，这样的人物都被人们称为英雄，他们是真正的大义者。虽然现今社会我们很难有机会面临如古人一般生死抉择的关键时刻，但在日常生活的点点滴滴中，其实也需要我们坚守自己的人格，做一个值得信任的人。

七

曾子曰：“士不可以不弘毅，任重而道远。仁以为己任，不亦重乎？死而后已，不亦远乎？”

古语译读

曾子说：“读书人不能不弘阔坚毅，因为他使命重大，前程遥远。以仁作为自己的使命，不也重大吗？到死才停步，前程不也遥远吗？”

古语智慧

容天下之大，必先有容人之量。古今成大事者，必具备宽宏的气度。即用宽广的胸怀和坚毅的品德去追求成功，将生命慨然赴之于大义，追求宽宏慷慨、洒脱与爽朗的君子气概，超脱于夫子儒家思想打造的内心静修、文质彬彬的君子形象。

所以，我们常说，要做一个有远大理想的人，宽广的胸怀和坚毅的品质则是实现理想的必备条件，也是必经之路。

八

子曰：“兴于《诗》，立于礼，成于乐。”

古语译读

孔子说：“诗篇使我振奋，礼使我能在社会上站得住，音乐使我的所学得以完成。”

古语智慧

孔子教授学生，不仅要求弟子们要读书识礼，还要善骑射，更要懂礼乐。这一点，与我们现代教育所提倡的“德智体美劳”全面发展的目标不谋而合。

九

子曰：“民可使由之，不可使知之。”

古语译读

孔子说：“老百姓，可以使他们照着我们的道路走下去，不可以使他们知道那是为什么。”

古语智慧

这段话，历来被当作孔子愚民的“罪证”。但实际上，综合《论语》的种种记录，可以看出孔子并不是愚民政策的始作俑者，相反他是极力赞成对人民实施教育的。

仅以这句话为例，如果换一种断句方式，便可以得出不一样的解释：民可，使由之；不可，使知之。这样即可以解释为：民众当下适合的，放任其去蹈行、践履；民众当下不适合的，放任其运用智慧去创造、创新。

由此我们可以得出一个结论，那就是看事物，要学会辩证地去看。

十

子曰："好勇疾贫，乱也。人而不仁，疾之已甚，乱也。"

古语译读

孔子说："喜欢逞勇而厌恶贫穷，是一种祸害。对于不仁的人，痛恨太过，也是一种祸害。"

古语智慧

生活贫穷加上勇猛好斗，会导致犯上作乱，对不仁之人的过分苛责，也容易导致倒戈反叛。因此，任何一个政权都应推行仁政，解决人民的生活问题，体察民情、了解民意、政治清明、为民谋福利，才能得到民心的支持，才能使人民生活得到保障，人民才会真正地拥护这个政权。

这一点同样值得现代管理人员思考和借鉴。有时候管理一个组织或一家企业与治理一个国家的道理是相通的。要想获得手下人的拥戴，就要去了解他们的心声、他们的难处，帮助他们解决实际的问题，这样才有可能换来他们的忠心和回报。

十一

子曰："如有周公之才之美，使骄且吝，其余不足观也已。"

古语译读

孔子说："即使一个人具有周公那样完美的才能，只要骄傲而悭吝，其余的才能也就不值一看了。"

古语智慧

骄横与傲慢，容易让人忘乎所以而行为放浪，在自我无限扩张中丧失尺度，目中无人。人首先要有德，其才才可用，若丧其德，即使再博学多才，也不能为国、为民所用，只能成为一种无用之才。

因此，才华与品德相比，品德还是相对比较重要的。所以，在现实生活中，我们在考量一个人的时候，要先从品德入手，然后再观其才，有才又有德，才是真正的人才。

人物链接

周公：姓姬，名旦，亦称叔旦。西周时期的政治家、军事家、思想家、教育家，被尊为"元圣"，儒学先驱。周文王的第四子，周武王的同母弟。因采邑在周，称为周公。武王死后，其子成王年幼，由他摄政当国。相传他制礼作乐，建立典章制度。周公是孔子最为崇拜的古代圣人之一。

十二

子曰："三年学，不至于榖（gǔ），不易得也。"

古语译读

孔子说："读了三年书，还不存在做官的念头，是很难得的。"

古语智慧

孔子是十分推崇潜心学问的。他的育人标准，着眼点在人本身，即倡导人本主义教育，要把弟子们培养成“士”和“君子”。孔子心目中的“君子”是德才兼备的知识分子，不仅有高尚的品德，而且要博学广闻。因此，孔子在强调弟子学道守道的同时，又要求他们笃信好学、不耻下问。但是，孔子所称道的这种没有功利目标的求学精神仍然太少太少。尤其是在现代社会中，浮躁处处可见，有几个人能忍受读破万卷书后沉重的孤独。当然，反过来说，现代社会压力如此之大，竞争如此之激烈，有时候不讲功利也确实难以生存。不过即使是这样，我们也应该要做到抽点时间静心读一点修身养性、希圣希贤的文字，以填补缺失的思想。

十三

子曰：“笃信好学，守死善道。危邦不入，乱邦不居。天下有道则见，无道则隐。邦有道，贫且贱焉，耻也；邦无道，富且贵焉，耻也。”

古语译读

孔子说：“坚定的信念，努力学习它，誓死固守它。不进入危险的国家，不留居动乱的国家。天下太平，就出来从政；天下不太平，就退隐。国家政治清明，贫贱便是一种耻辱；国家政治黑暗，富贵便是一种耻辱。”

古语智慧

孔夫子将信仰纳入学业，把追求融于笃信，为后世立下了一个精神的坐标。潜心学业，固守其志，有道则现，无道则隐。人们都在用不同的方式努力寻找适合自己的幸福生活。但是，人生在世必须面对各种现实的问题，在充当小人的角色里，贪图利禄权力，只能整天说着言不由衷的话，赔着一副违心的面孔，用僵硬的笑脸，无可奈何地面对生活，实在是一种痛苦。

十四

子曰："不在其位，不谋其政。"

古语译读

孔子说："不在这个职位上负责，就不参与这个职位的事务。"

古语智慧

"不在其位，不谋其政"，对于现代企业员工来说具有十分重要的启迪意义 。"不在其位，不谋其政"，并不是要我们个人自扫门前雪、不思进取，前者崇尚的是严格的职业态度，后者则是消极自保的做法。"不在其位，不谋其政"并不排斥拥有阳光的心态、助人的精神，岗位职责虽然有界限，但是理解、沟通、互助则没有界限。无论是政策的制定者还是执行者，也无论岗位职责大小，我们都应该心怀本职工作，恪尽职守，在其位谋其政，这样才能在工作中做出成绩。

十五

子曰："师挚之始，《关雎》之乱，洋洋乎盈耳哉！"

古语译读

孔子说："从太师挚演奏的序曲开始，到最后演奏《关雎》的结尾，丰富而优美的音乐在我耳边回荡。"

古语译读

通过这一段，我们也可以得知，鲁国也曾有过乐礼完好的时候，也就是说，孔子也有过志得意满的时候。或许对孔子来说，在后半生的颠沛流离的生活中，偶尔回想起前半生在故国欣赏音乐时的情形，多少也会感到一些欣慰吧。

生命的旅程原本就不会一帆风顺，当遇到困难挫折的时候，我们要学习调节自己，比如说，可以去回忆一些值得我们高兴的事情。人生本就是这样，有甜就会有苦，想通了这个道理，或许就不会过于纠结了。

十六

子曰："狂而不直，侗（tóng）而不愿，悾（kōng）悾而不信，吾不知之矣。"

古语译读

孔子说："狂妄而不直率，幼稚而不老实，貌似诚恳而不讲信用——这种人我是无法明白的。"

古语智慧

为人纯朴率直，诚实不欺，谦虚好学的人，就是值得敬重的人。虚伪奸佞，假装诚恳而要小手段在背后搞鬼的人，最终还是会搬起石头砸自己的脚。正所谓，人无完人。一个人总有某种缺陷或是不足，但一个人不能一无是处，成为一个十足的败类。

因此，“狂而不直，侗而不愿，悾悾而不信”都不是好的道德品质，都是我们应该摒弃的。因为这与我们这个社会一贯倡导的“温、良、恭、俭、让”和“仁、义、礼、智、信”是相背离的。

十七

子曰：“学如不及，犹恐失之。”

古语译读

孔子说：“做学问，就好像（追一个东西），只怕赶不上，（赶上了）又担心失去它。”

古语智慧

在永恒的时间面前生命是何其的短暂，在匆匆逝去的岁月中，面对浩渺的知识海洋，你能否在弱水三千中收获一瓢呢？学生在学习中时感到不足，才能更加勤奋学业、心无旁骛、潜心汲汲于学业；老师在教学中时常感到困难，才能不满足于既有的知识，与时俱进，抛弃陈腐，不断创新知新。因此，在追求学业和事业的过程中，我们都要有一颗永不满足的心。

十八

子曰：“巍巍乎，舜禹之有天下也而不与焉！”

古语译读

孔子说："舜和禹真是崇高得很呀！贵为天子，富有四海，(却整年地为百姓勤劳，) 一点也不为自己。"

古语智慧

作为执政者，或者说领导者，只要坚持一点就可以获得民众的拥护和爱戴，那就是一切以人为本，一切以为百姓创造更好的生活，以百姓的根本利益为出发点，古今同理。

十九

子曰："大哉尧之为君也！巍巍乎，唯天为大，唯尧则之。荡荡乎，民无能名焉。巍巍乎其有成功也，焕乎其有文章。"

古语译读

孔子说："尧作为君主真是伟大啊！只有天是真正巍然高大的，只有尧能够以天为法则。他的恩德真是浩荡啊，人们不知怎样称赞啊。他的功绩真是崇高啊！他的礼乐制度是那么美好光明！"

古语智慧

孔子从思想和道德修养的角度，称颂先古盛德名君尧舜，给大众指出了修心养德的楷模。"天道之大，无为而成。唯尧则之以治天下，故民无得而名焉。"盛德如尧舜者，品行高洁，巍巍乎，受万民之敬仰。恭敬礼让，以天下为重，其仁德不假掩饰地就自然流露出来了。

二十

舜有臣五人而天下治。武王曰：“予有乱臣十人。”孔子曰：“才难，不其然乎？唐虞之际，于斯为盛。有女人焉，九人而已。”三分天下有其二，以服事殷。周之德，其可谓至德也已矣。

古语译读

舜有五位贤臣，天下便太平。武王也说过：“我有十位能治理天下的臣子。”孔子因此说：“（常言道，）‘人才不易得。’不是这样吗？唐尧和虞舜之间以及周武王说那话的时候，人才最兴盛。然而武王十位人才之中还有一位妇女，实际上只是九位罢了。周文王得到了天下的三分之一，仍然向商纣称臣，周朝的道德，可以说是最高的了。”

古语智慧

得人才者得下天，孔子在几千年前就已经洞悉了这个道理。他在这段话里提出了一个重要的问题，那就是治理天下，必须要有人才，但人才却是不易得到的。

时至今日，这一原则仍然实用，无论是国家建设、社团发展还是民族的振兴，都离不开人才，所以我们要注重人才，培养人才，合理地利用人才。

二十一

子曰：“禹，吾无间然矣。菲饮食而致孝乎鬼神，恶衣服而致美乎黻（fú）冕，卑宫室而尽力乎沟洫。禹，吾无间然矣。”

古语译读

孔子说："禹，我对他没有批评了。他自己吃得很坏，却把祭品办得极丰盛；穿得很坏，却把祭服做得极华美；住很得坏，却把力量完全用于沟渠水利。禹，我对他没有批评了。"

古语智慧

能够让孔圣人挑不出任何缺点的，可以称得上是完人了，为了治理黄河水患，三过家门而不入的大禹便是这样的完人。当然，能够修德如大禹，对于我们来说实在有些难，但正如孔子所说的那样，能够"见贤思齐"也是好的。

子罕篇

谨言笃行，乐处天命

《子罕篇》主要讲述了孔子的道德教育思想，孔子弟子对其师的议论以及孔子的其他一些活动。

人生的意义在于追求，追求的人生才会更加精彩。命运是每个人用自己的双手营造的结果。不辞艰辛地努力奋斗，命运将厚赐于你；避实就轻，虚浮幻想未来，命运将给予你一个虚度的人生。『计利则害义』，君子不言利与命，重在躬身实践。有道是：谋事在人，成事在天。从政能清正廉明，光明磊落；持家能侍奉父母，敬事兄长；待人能宽厚仁爱，恭敬和蔼；做事能脚踏实地，任劳任怨。尽心地付出了，不一定会功成名就，不一定能获得别人的赞许，但只要你用心去做了，就无愧于心，无愧于人生。

一

子罕言利与命与仁。

古语译读

孔子很少（主动）去谈功利、命运和仁德。

古语智慧

人生苦短，何必斤斤计较一时的得失荣辱。岁月沧桑，人的一生有很多东西是不以个人意志为转移的，所以我们应当谨言慎行、修养仁德、脚踏实地、默默地朝着既定的目标而奋斗，成败自有定论。

二

达巷党人曰：“大哉孔子！博学而无所成名。”子闻之，谓门弟子曰：“吾何执？执御乎？执射乎？吾执御矣。”

古语译读

达巷有一个人说：“孔子真伟大！学识广博，因而不能以某一方面的专长来称赞他。”孔子听到这话，对学生们说：“我专攻什么呢？专攻驾车吗？专攻射箭吗？我专攻驾车好了。”

古语智慧

现实生活中，有很多这样的人，觉得自己涉猎甚广，无所不知，却往往在一个实际的小问题面前折了面子。在追求知识的过程中，我们应该先精专，后广博，即先打好一方面的基础，然后再去追求更多的知识。这样才是学习的科学顺序，也是能够通往博学广闻的必经之路。

三

子曰：“麻冕，礼也；今也纯，俭，吾从众。拜下，礼下；今拜乎上，泰也。虽违众，吾从下。

古语译读

孔子说：“礼帽用麻料来织，这是合于传统的礼的；今天大家都用丝料，这样省俭些，我同意大家的做法。臣见君，先在堂下磕头，然后升堂又磕头，这是合于传统的礼的；今天大家都免除了堂下的磕头，只升堂后磕头，这是倨傲的表现。虽然违逆大家，我仍然主张要先在堂下磕头。”

古语智慧

这段话在告诫我们，无论是哪种应该遵守的礼仪，都不要过于搞外在的形式主义，而是要深刻理解其中的内涵，带有真情实感去实行。

四

子绝四——毋意，毋必，毋固，毋我。

古语译读

孔子绝对不犯四种毛病：不凭空臆测，不绝对肯定，不固执己见，不唯我独是。

古语智慧

孔子从不犯的这四种毛病，也应该成为我们做人做事不应触犯的禁区。主观臆断，往往都不是以客观事实为依据的判断，这种判断十有八九都是错的；凡事求全责备，只会显得自己胸襟过于狭隘；固执己见、唯我独是则只会导致偏激、狂傲。只有保持一颗平和的心，宽容地对待面临的一切，才有机会享受到生命带来的乐趣。

五

子畏于匡，曰："文王既没，文不在兹乎？天之将丧斯文也，后死者不得与于斯文也；天之未丧斯文也，匡人其如予何？"

古语译读

孔子被匡地的群众所拘禁，便道："周文王死了以后，一切文化遗产不都在我这里吗？天若是要消灭这种文化，那我也不会掌握这些文化了；天若是不要消灭这种文化，那匡人将把我怎样呢？"

古语智慧

孔子在危急时刻，没有考虑个人安危。在他看来，自己是古代文化唯一的继承者和传播者，应当以舍我其谁的勇敢精神，当仁不让地承担起这一历史重任。孔子的这一行为是在告诉我们，一个人应当有坚定的信念和强大的自信心。

六

太宰问于子贡曰："夫子圣者与？何其多能也？"子贡曰："固天纵之将圣，又多能也。"

子闻之，曰："太宰知我乎！吾少也贱，故多能鄙事。君子多乎哉？不多也。"

古语译读

太宰向子贡问道："孔老先生是位圣人吗？为什么这样多才多艺呢？"子贡道："这本是上天让他成为圣人，又使他多才多艺。"

孔子听到，便道："太宰知道我呀！我小时候穷苦，所以学会了不少鄙贱的技艺。真正的君子会有这样多的技艺吗？是不会的。"

古语智慧

作为孔子的学生，子贡当然认为自己的老师是圣人，但是孔子自己却否认了这一点。他说，自己之所以集多种技艺于一身，是因为年少家贫，为谋生所顾。这既是孔子的谦虚之言，也是孔子生活的真实写照。由此，我们可以看出，即使是世人眼中的圣人，其实也是从平凡的少年一步步历练出来的。所以，我们每个人其实都有机会成为对社会有用的人，关键看你是不是肯努力，有没有意志和决心。

七

牢曰："子云，'吾不试，故艺。'"

古语译读

牢说："孔子说过，'我不曾被国家所用，所以学得一些技艺。'"

古语智慧

孔子说自己之所以掌握了许多谋生的技艺，是因为年轻时没有去做官的原因。这一段与上一段的内容相互关联，同样是在说明孔子"我非生而知之"的思想。既在表示谦虚，同时也是在鼓励世人。

一八

子曰：“吾有知乎哉？无知也。有鄙夫问于我，空空如也。我叩其两端而竭焉。”

古语译读

孔子说：“我有知识吗？我实在是没有知识的。有个乡下人向我提出疑问，我本来是一无所知的。我从他所疑的首尾两端去盘问，穷根究底，让他知所适从。”

古语智慧

虚心向学问高深的人学习，是一种诚敬的求学态度，虚心向不如自己的人学习，是一种求知的风度。真正的智者，既不狂傲，也不骄纵，更不会处处大夸海口、大言凿凿，他们总是以无比的虔诚和诚敬之心处世，即便伫立智慧的巅峰，却依旧能虚怀若谷。

现实生活中，我们虽不求能像智者一样可以纵横天下，却可以效仿他们求知的精神、处世的态度。

一九

子曰：“凤鸟不至，河不出图，吾已矣夫！”

古语译读

孔子说：“凤凰不飞来了，黄河也没有图画出来了，我这一生恐怕是完了吧！”

古语智慧

孔子一生的颠沛流离，都是为了恢复礼制所为。到了晚年，当他发现恢复《周礼》已经成为泡影的时候，不禁发出了声声哀叹。从这几句话的字面上来看，晚年的孔子似乎变得更加迷信了。不过，我们在这里要讨论的并不是孔子迷信与否，而是要称赞他这种一生都在忧国忧民的高尚情怀，而这也正是我们现代人所缺少的一种情怀。

一十

子见齐衰者、冕衣裳者与瞽（gǔ）者，见之，虽少，必作；过之，必趋。

古语译读

孔子看见服丧的人、穿戴礼服礼帽的人，以及瞎了眼睛的人，若是他们来见自己，即使来者是年轻人，孔子也一定站起身来；若是从他们身边经过，孔子一定快走几步。

古语智慧

现实生活中，我们应该做到以礼待人，不以对方的身份、地位不同而差别对待。对高位者要表示尊敬，对弱势群体，比如残疾人，我们同样也要表示尊敬，而且不要打扰他们太久，不要惊扰了他们的伤痛。这是一种礼仪，也是对人的一种尊敬。如果每个人都具备了这样的道德观念，相信我们终究会迎来真正消除歧视残疾人的那一天。

十一

颜渊喟然叹曰："仰之弥高，钻之弥坚。瞻之在前，忽焉在后。夫子循循然善诱人，博我以文，约我以礼，欲罢不能。既竭吾才，如有所立卓尔。虽欲从之，末由也已。"

古语译读

颜渊感叹地说："（对于老师的学问与道德），我抬头仰望，越望越觉得高；我努力钻研，越钻研越觉得不可穷尽。看着它好像在前面，忽然又像在后面。老师善于一步一步地诱导我，用各种典籍来丰富我的知识，又用各种礼节来约束我的言行，使我想停止学习都不可能，直到我用尽了我的全力。好像有一个十分高大的东西立在我前面，虽然我想要追随上去，却没有前进的路径了。"

古语智慧

颜渊是幸福的，他是孔子的亲传弟子，得到了孔子思想的精髓，他一直在遵循孔子求学的路线。其实，在求学的道路上前行，这是我们每个人都要经历的阶段，而颜渊的这种欲罢不能的境地，却并不是每个人都能够达到的。但我们可以尽最大的可能向他靠拢，去实现自己心中的求知梦。

十二

子疾病，子路使门人为臣。病间，曰："久矣哉，由之行诈也！无臣而为有臣。吾谁欺？欺天乎！且予与其死于臣之手也，无宁死于二三子之手乎！且予纵不得大葬，予死于道路乎？"

古语译读

孔子病得厉害，子路便命孔子的学生仲由设置治丧处。很久以后，孔子的病渐渐好了，就说："仲由干这种欺假的勾当竟太长久了呀！我本不该有治丧的组织，却一定要使人设置治丧处。我欺哄谁呢？欺哄上天吗？我与其死在治丧的人的手里，宁肯死在你们学生的手里，不还好些吗？即使不能热热闹闹地办理丧葬，我会死在路上吗？"

古语智慧

孔子作为至圣先师，在当时地位是非常崇高的，然而他却并没有因此而沾沾自喜，始终认为自己不过是一个读书人。这种谦逊的态度是我们学习的榜样。反观当今社会，有许多人都不能正确给自己定位，或自命不凡，或甘于堕落，这些没能摆正心态的人终究难成大器。

十三

子贡曰："有美玉于斯，韫椟（yùn dú）而藏诸？求善贾而沽诸？"子曰："沽之哉！沽之哉！我待贾者也。"

古语译读

子贡说："这里有一块美玉，把它放在柜子里藏起来呢？还是找一个识货的商人卖掉呢？"孔子说："卖掉！卖掉！我是在等待识货的人呢。"

古语智慧

很多时候，我们必须要拥有等待时机的眼光，韬光养晦、积攒力量，一旦时机成熟，再将积蓄的能量全部释放出来，此时此刻的人生，一定能够光彩夺目。所以做人做事要学会等待，但不是消极地等待，而是要利用等待的时间养精蓄锐，这样机会到来，才会厚积薄发。

十四

子欲居九夷。或曰："陋，如之何？"子曰："君子居之，何陋之有？"

古语译读

孔子想迁居到九夷去住。有人说："那里太落后了，怎么办呢？"孔子说："有君子迁居过去，怎么还会落后呢？"

古语智慧

现实生活中，无论在求学、工作的过程中，我们都难免遇到在经济条件上比我们优越的同学或同事，这时候我们难免会羡慕。但是，如果心态不好的话，羡慕就会变成嫉妒，这样就不利于求学或工作了。在我们周围，人与人之间或多或少都会有经济上的差距，这很正常，但我们不应该过于关注这些外在条件，再简陋的条件也不应该成为求学或努力工作的障碍。

十五

子曰："吾自卫反鲁，然后乐正，《雅》《颂》各得其所。"

古语译读

孔子说："我从卫国回到鲁国，才把音乐（的篇章）整理出来，使《雅》归《雅》，《颂》归《颂》，各有适当的安置。"

古语译读

晚年时，孔子曾集中精力对古代文献进行过整理，《诗经》正是他整理的重要部分。孔子一生致学，晚年仍笔耕不辍。正所谓，活到老，学到老。这种在求学、治世上的坚持不懈的精神值得我们学习。

十六

子曰："出则事公卿，入则事父兄，丧事不敢不勉，不为酒困，何有于我哉？"

古语译读

孔子说："出外侍奉公卿，回家侍奉父兄，办丧事不敢不用力，不为喝酒过量所困扰，这些我做到了哪些呢？"

古语智慧

认清自己的社会地位与日常身份之别，并能在其间准确转换，在单位做个好员工、好领导，在家做个恭顺的孝子、合格的丈夫（或妻子）、称职的父亲（或母亲）。在生活中，不贪图淫乐而忘乎所以；在社会活动接待有致，应对有度，不越位、不失礼、不矫情，做一个本分的人。这些看似很平常的事情，其实要完全做到并不容易。如果能够做到，必定能够获得内心安宁，而且接近于完美了。

十七

子在川上，曰："逝者如斯夫！不舍昼夜。"

古语译读

孔子在河边，说："流逝的时光就像这河水一样啊！日夜不停地流去。"

古语智慧

时间就如同瀑布一般，飞流直下三千尺，其势不可挡也。仔细想想，的确如此。对于整个人类来说，时间或许是无限的，但对于我们个人来说，时间却是极其有限的。对于绝大多数人来说，能够拥有的时间不过七八十年，除了吃饭、睡觉、娱乐的时间，真正能够用于学习和工作的时间少之又少。

所以我们每个人都要好好把握自己的生命，应该抓紧时间去努力读书，去认真学习，去辛勤工作，去享受生活。

十八

子曰："吾未见好德如好色者也。"

古语译读

孔子说："我没有见过喜爱道德胜过喜爱美色的人。"

古语智慧

好色而囿于礼，诚为有德；好德而不否认人情至性，实为圣哲。孔子承认好色是人与生俱来的一种形而下的东西，属人的自然本能。这句话，在这里是讲修道之人对待美德和美色的态度。其实，孔子本来也不指望人不喜爱美色，只是希望君子可以像喜爱美色那样喜爱美德。现实生活中的我们要做的是，自矜其德，善其心，修其德，通过后天学习不断提高修养，提升趣味和档次，自我节制色欲而修养德行。

—— 十九

子曰：“譬如为山，未成一篑，止，吾止也。譬如平地，虽覆一篑，进，吾往也。”

古语译读

孔子说：“（人的进步），好比堆土成山，只差一筐土便成山了，如果懒得做下去，这是我自己停止的。又好比在平地上堆土成山，尽管刚倒下一筐土，要继续往上堆，还得自己坚持下去。”

古语智慧

有时候，进退成败都在自己。既然如此，我们就不要把进退成败的原因推之于外在的因素，而要着力于把握自己，把自己的命运牢牢掌握在自己手中。当然，这并不是说完全不要外部条件和环境，不讲机遇，而是说，一切外部条件、环境和机遇也都是靠我们自己去创造、形成和抓住的，一切都要通过自己本身而起作用。

—— 二十

子曰：“语之而不惰者，其回也与！”

古语译读

孔子说：“听我说话始终不懈怠的，大概只有颜回一个人吧！”

古语智慧

孔子称赞颜回的智慧，整个《论语》随处可见，此处便是一例。孔子给颜回讲授学问时，颜回总是能够了解孔子所讲，而且还听得津津有味，毫无倦怠之感。其实，这也反映出一个普遍的听课现象，自己不感兴趣，听不懂的课，很可能听着听着就昏昏欲睡了，这样的经历，相信每个人都有过；反之，自己感兴趣，老师讲得又好的课，肯定就不会懈怠。关于这一点，值得我们的教育者深思。

二十一

子谓颜渊，曰："惜乎！吾见其进也，未见其止也。"

古语译读

孔子谈到颜渊，说："可惜呀（他死了）！我只看见他不断地进步，从没看见他停留。"

古语智慧

颜渊是一个十分勤奋刻苦的人，在生活方面他几乎没有什么要求，一心只用在学问和道德修养方面。然而不幸的是他只活了二十九岁。对于他的死，孔子十分悲痛。他经常要求其他学生以颜渊为榜样。

在两千多年后的今天，我们要继续继承和发扬注重品行的这一优良的民族传统。

二十二

子曰："苗而不秀者有矣夫！秀而不实者有矣夫！"

古语译读

孔子说："谷物长了苗而不吐穗，是有的；吐了穗而不结果实，也是有的！"

古语智慧

孔子以庄稼的生长比喻一个人从求学到有成就的过程。有的人资质优秀，但不能坚持始终，最终达不到目的。有的人志于学习，但最终没有成名，是令人惋惜的；成了名，却腹中空洞无物，这种人是可悲的。名实相符，才是真正的君子。

因此，无论我们的天资如何聪慧，都应该摒弃浮躁和投机取巧，持续努力，坚持奋斗，这样才会终有所成。

二十三

子曰："后生可畏，焉知来者之不如今也？四十、五十而无闻焉，斯亦不足畏也已。"

古语译读

孔子说："年轻人是可敬畏的，怎么后一辈的将来赶不上现在一辈呢？如果到了四五十岁还没有什么声望，那就不必对他惧怕了。"

古语智慧

后浪推着前浪，长江才有了奔流不息的滚滚之势。用发展的眼光看问题。科学与文明的发展，赋予年轻人以神圣的历史使命。谁也无法光耀万代，持久占据历史的位置，只要不断丰富学养，加强德修，就一定能在后天追上并赶超前人。

所以，作为新时代的年轻人，我们一定不要在美好的岁月里给自己的人生留下“少壮不努力，老大徒伤悲”的悲切和悔恨。

二十四

子曰：“法语之言，能无从乎？改之为贵。巽（xùn）与之言，能无说乎？绎之为贵。说而不绎，从而不改，吾末如之何也已矣。”

古语译读

孔子说：“合乎原则的告诫，能不听从吗？听了后改正自己的错误才可贵。恭顺称许的话，听了能不高兴吗？对它进行分析才可贵。只顾高兴而不加分析，表面听从而不真心悔改，对这种人我是没有法子的。”

古语智慧

无论是在工作中还是在生活中，我们都要养成勤于思考，善于接受他人忠言的习惯。良言逆耳，但不能作耳旁风，不仅要闻之，而且要能改过；别人的奉承、恭顺之话可以笑纳，但不可以“照单全收”，而要加以辨别与择取。只有保持清醒的头脑，才能妥善处理自身面临的各类问题。

二十五

子曰：“主忠信，毋友不如己者，过则勿惮改。”

古语译读

见《学而篇》。

━━ 二十六

子曰："三军可夺帅也，匹夫不可夺志也"。

古语译读

孔子说："一国的军队，可以夺去他的主帅；一个男子汉，却不可夺去他的意志。"

古语智慧

人要立志，才能知道用功的方向。面对诸多挑战，没有一点"志气"充盈胸中，是撑不过去的。艰难困苦，玉汝于成。

现实生活中，当我们在工作、生活中遇到困难或面对质疑的时候，一定要摒弃退缩、观望等消极情绪，在胸中多存留一些志气，这样才能排除万难，勇往直前。

━━ 二十七

子曰："衣敝缊（yùn）袍，与衣狐貉者立，而不耻者，其由也与？'不忮不求，何用不臧？'"子路终身诵之。子曰："是道也，何足以臧？"

古语译读

孔子说："穿着破烂的旧丝绵袍子和穿着狐貉裘的人一道站着，不觉得惭愧的，恐怕只有仲由（字子路）罢！《诗经》上说：'不嫉妒，不贪求，为什么不会好？'" 子路听了，便老念着这两句诗。孔子又道："仅仅这个样子，怎样能够好得起来？"

古语智慧

在这里，记述了孔子对弟子子路先夸奖又批评的两段话。他希望子路不要满足于目前已经达到的水平，因为仅是不贪求、不嫉妒是不够的，还要有更高、更远的志向，这样才能成就一番大事业。有目标，有志向，虽然不一定会成功实现；但如果没有，那一定不会成功。

二十八

子曰："岁寒，然后知松柏之后凋（diāo）也。"

古语译读

孔子说："到了一年中最寒冷的时候，才知道松柏是最后凋落的。"

古语智慧

孔子善于从大自然中发掘生命和道义的真意，借鉴并点化弟子。"岁寒"，万木凋敝，唯松柏傲雪挺立，显示着坚韧的精神、高洁的品质。道之不兴，世之不济，君子更应守道不移，独善其身，修身养德。

我们要遵循孔子的教导，做有远大志向的人，就像松柏那样，不随波逐流，而且能够经受各种各样的严峻考验。

二十九

子曰："知者不惑，仁者不忧，勇者不惧。"

古语译读

孔子说：“聪明人没有疑惑，仁德的人没有忧虑，勇敢的人没有畏惧。”

古语智慧

君子修养的人格应具备三个方面的内容：智慧、勇武、仁德。而仁首当其冲，有仁作为支撑的智慧，方能广布仁义，博学济世；有仁作为支撑的勇武，方能更加勇毅和果断，开万世之太平。内心如果没有仁德，就不可能成为一个智慧的人；而没有智慧辅佐的勇武，充其量只是一个莽夫。也就是说人如果有着一颗博爱之心，有着高远的人生智慧，有着勇敢坚强的意志，那么就必然会具有良好的心理和精神状态，从而心底宽广、胸怀坦荡。

三十

子曰：“可与共学，未可与适道；可与适道，未可与立；可与立，未可与权。”

古语译读

孔子说：“可以和他一起学习的人，不见得可以和他一起追求真理；可以和他一起追求真理的人，不见得可以和他一起遵循坚定的原则；可以和他一起遵循坚定原则的人，不见得可以和他一起通达权变。”

古语智慧

同窗数载，其志各异。有的是为求知，有的是为求禄，有的是为了报效国家，有的是为了养家糊口，可以与之共学，未必可与之同道。

正如现代社会的合作共事者，也大多各怀异心，互为竞争，虽有朋友之谊，却有利益相争，难以分享。我们要认清这一事实，并且不要因此而觉得沮丧，而应该带着平和的心态去接受，因为这都是人之常情。

三十一

“唐棣之华，偏其反而。岂不尔思？室是远而。”子曰：“未之思也，夫何远之有？”

古语译读

（古代有这样的诗句）：“唐棣树的花，翩翩地翻动。难道我不思念你吗？只因为家离得太远了。”孔子说：“恐怕是没有思念吧！真要思念了，还讲什么远呢？”

古语智慧

一切美好的东西，哪怕只是回忆，只要是魂牵梦萦的，那就已经接近于我们的心了，又何远之有呢？

空间距离和心路历程往往是两回事，隔千山万水，有情人总能悲喜同享、甜蜜相望；同床共枕，心怀各异者，咫尺之际亦天涯。不要总觉得长路漫漫，无法企及，只要有切实的行动，坚韧的毅力，就会不断的接近理想的目标。无论是追求爱情还是事业，我们都应该怀有这样一颗坚忍的心。

乡党篇

恭顺待人，恭敬待君

《乡党篇》主要讲述了孔子在面对不同的境况时所表现出来的状态：在朝态度恭敬而有威仪，不卑不亢，敢于讲话；在国君面前，温和恭顺，局促不安，庄重严肃又诚惶诚恐；在乡里面前谦逊和善。正所谓，对乡邻和睦以待，对道义凛然大义，对国家义字当先，对君王雍容有礼。平和待物，不骄躁自夸，不倚老卖老，也不卑躬屈膝。以谦恭大度的胸怀处世待人，从容温婉，潇洒大方，用实际行动服务人民，奉献社会。

这一篇，以孔子的言谈举止、衣食住行、音容笑貌等日常生活的一些侧面为切入点，颂扬了他是一个一举一动都符合礼的正人君子，为人们全面了解孔子、研究孔子，提供了生动的素材。

一

孔子于乡党，恂（xún）恂如也，似不能言者。

其在宗庙朝廷，便便言，唯谨尔。

古语译读

孔子在家乡，非常恭顺，好像不大会讲话的样子。在国家的宗庙和朝廷上，他说话明白流畅，只是不多讲。

古语智慧

现代社会，要求我们必须在不同的场合下以不同的角色、身份示人。这一点，孔子在两千多年前就为我们做出了榜样：在乡党面前，他是一位没有架子、不倨傲、亲切谦逊、衣锦还乡的成功人士；在下属面前，他是一位刚正、中气十足、令人尊敬的长官；在上级面前，他是一位正直而能尊敬对方使对方心情舒畅足可提携的下属；在国君面前，他是一位足以体现国君威严的臣子。简单来说，就是在不同的环境场合他都能让对方心情舒畅。这样的为人处世之法，虽然难免遭人诟病，比如说，有人会认为这是多重人格的体现，但这却无疑是维护人际关系和社会和谐的重要之法。

二

朝，与下大夫言，侃侃如也；与上大夫言，訚（yín）訚如也。君在，踧踖（cù jí）如也，与与如也。

古语译读

（孔子在）上朝的时候，同下大夫交谈，温和而愉快；同上大夫交谈，正直而适中。国君来到朝廷后，他显出恭敬紧张的样子，行步舒缓而容仪得体。

古语智慧

做人应该胸怀坦荡，不以威严之势压人，也不以阿谀婢言取悦权贵。然而现实生活中，常常有一些势利之徒，对待上级，溜须拍马，低声下气，唯唯诺诺；对待同事，话吐半句，故弄虚玄；对待下属颐指气使，飞扬跋扈。这样的人，或许暂时能够小有所成，但终究会遭人唾弃，被人情和礼教同时抛弃。

三

君召使摈，色勃如也，足躩（jué）如也。揖所与立，左右手，衣前后，襜(chān)如也。趋进，翼如也。宾退，必复命曰："宾不顾矣。"

古语译读

鲁君召他去接待外国的贵宾，面色矜持庄重，脚步也快起来。向两旁的人作揖，或者向左拱手，或者向右拱手，衣裳一俯仰，却很整齐。快步向前，好像鸟儿会展了翅膀。贵宾辞别后一定向君主回报说："客人已经不回头了。"

古语智慧

这一段讲的是孔子接待外宾时的得体礼仪。如今，东西方人民之间的交往愈益频繁，了解一些简单的外事礼仪是十分必要的。

四

入公门，鞠躬如也，如不容。

立不中门，行不履阈（yù）。

过位，色勃如也，足躩如此，其言似不足者。

摄齐升堂，鞠躬如也，屏气似不息者。

出，降一等，逞颜色，怡怡如也。

没阶，趋进，翼如也。

复其位，踧踖如也。

古语译读

孔子走进朝廷的门，害怕而谨慎的样子，好像没有容身之地。

站，不站在门的中间；走，不踩门槛。

经过国君的座位，面色便矜庄，脚步也快，言语也好像中气不足。

提起下摆向堂上走，恭敬谨慎的样子，憋住气好像不呼吸一般。

走出来，降下台阶一级，面色便放松，怡然自得。

走完了台阶，快快地向前走几步，好像鸟儿会展翅膀。

回到自己的位置，恭敬而内心不安的样子。

古语智慧

这一段话记录的是孔子上朝面君、议事的经过，详细介绍了期间的各种礼仪。孔子的每种礼仪，都是面对各种外界环境时诚敬心态的自然反映，也是对自己所宣讲的道的亲身实践。

因此，礼仪不仅仅应该是我们每个人都去了解和遵守的，更应该是发自内心的一种外在形式的体现。

五

执圭，鞠躬如也，如不胜。上如揖，下如授。勃如战色，足蹜（sù）蹜如有循。

享礼，有容色。

私觌（dí），愉愉如也。

古语译读

（孔子出使到外国，举行典礼上）拿着圭，恭敬谨慎地，好像举不起来。向上举好像在作揖，向下拿好像在交给别人。面色矜庄好像在作战。脚步也紧凑狭窄，好像在沿着（一条线）走过。

献礼物的时候，满脸和气。

用私人身份和外国君臣会见，显得轻松愉快。

古语智慧

中西方礼节不同，当我们有机会与外宾会面时，一定要事先了解一下对方国家的相关礼节，以免会面时因礼节不周而造成不必要的麻烦。

六

君子不以绀（gàn）緅（zōu）饰，红紫不以为亵（xiè）服。

当暑，袗（zhěn）絺（chī）绤（xì），必表而出之。

缁（zī）衣，羔裘；素衣，麑（ní）裘；黄衣，狐裘。

亵裘长，短右袂。

必有寝衣，长一身有半。

狐貉之厚以居。

去丧，无所不佩。

非帷裳，必杀之。

羔裘玄冠不以吊。

吉月，必朝服而朝。

古语译读

君子不用（近乎黑色的）天青色和铁灰色作镶边，（近乎赤色的）浅红色和紫色不用来作平常居家的衣服。

暑天，穿着粗的或者细的葛布单衣，但一定裹着衬衫，使它露在外面。

黑色的衣配紫羔，白色的衣配麑裘，黄色的衣配狐裘。

居家的皮袄身材较长，可是右边的袖子要做得短些。

睡觉一定有小被，长度合本人身长的一又二分之一。

用狐貉皮的厚毛作坐垫。

丧服满了以后，什么东西都可以佩戴。

不是（上朝和祭祀穿的）用整幅布做的裙子，一定裁去一些布。

紫羔和黑色礼帽都不穿戴着去吊丧。

大年初一,一定穿着上朝的礼服去朝贺。

古语智慧

服饰是一种文化，它反映着一个民族的文化水平和物质文明发展的程度。在社交活动中，人们可以通过服饰来判断一个人的身份地位、涵养。得体的服饰可展示个体内心对美的追求、体现自我的审美感受，可以增进一个人的仪表、气质。因此，要想塑造一个真正美的自我，首先就要掌握服饰打扮的礼仪规范，让和谐、得体的穿着来展示自己，以获得更高的社交地位。

七

齐，必有明衣，布。

齐必变食，居必迁坐。

古语译读

斋戒沐浴，一定要有浴衣，是用布做的。

在斋戒的日子，一定要改变平时的饮食，居处也要更换房室。

古语智慧

吃穿行走的生活细节，无不体现一个人的人品。所以，我们应该将道德修养的理念深入到日常生活的细节当中，从身边琐事做起，努力把自己的生活做精细，把小事做好、做足，力求尽善尽美，才能做成大事。

八

食不厌精，脍不厌细。

食饐(yì)而餲(ài)，鱼馁而肉败，不食。色恶，不食。臭恶，不食。失饪，不食。不时，不食。割不正，不食。不得其酱，不食。

肉虽多，不使胜食气。

唯酒无量，不及乱。

沽酒市脯不食。

不撤姜食，不多食。

古语译读

粮食磨得越细越好，鱼和肉切得越细越好。

饭食馊臭了，鱼和肉腐烂了，都不能吃。食物颜色难看，不吃。气味难闻，不吃。烹饪不当，不吃。不到该吃的时间，不吃。不按正确方法割的肉，不吃。没有合适的调味酱，不吃。

席上肉虽然多，吃的量不超过主食。

只有酒不加限量，但不至饮醉。

市上买来的酒和肉干不吃。

吃完了，姜不从席上撤除，但不多吃。

古语智慧

从这些广为人知的言语中可以看出孔子不仅是个以礼餐饮的楷模，而且还是个十分符合现代健康饮食理念的美食家。一滴水可以折射出太阳的光芒，每一个细节都会影响人性的修养。

所以，我们应该养成良好的生活习惯，培养健康的饮食习惯，注重日常细节的修养，这样才能保持身心的健康和大节的从容。

九

祭于公，不宿肉。祭肉不出三日。出三日，不食之矣。

古语译读

参加国家的祭祀，不把带回家的祭肉留到第二天。家祭用的祭肉留存不超过三天。过了三天的祭肉，不再食用。

古语智慧

孔子这样做，一方面是因为食品安全，另一方面则表示及时领受了神惠。食品安全问题对于今天的我们来说，同样是一个大问题。希望相关法律法规可以越来越健全，从而在很大程度上保护我们的食品安全。

一十

食不语，寝不言。

古语译读

吃饭时不说话，睡觉时不言语。

古语智慧

“食不语，寝不言”，孔子早在两千多年前就为世人提供了一种适宜的食寝原则。但是，现实生活中，许多人都喜欢吃饭时高谈阔论，睡觉前谈天说地，或为某个观点争论不休。这实在是一种不良的生活习惯。

据生活保健方面的相关人士介绍，如果在吃饭时说话，很可能会使食物未经充分咀嚼便进入胃肠，从而加重胃肠负担；同样，如果在睡前高谈阔论，很可能会使精神过于兴奋，大脑皮层因此也会处于紧张状态，这样很可能会影响睡眠质量，从而影响身体健康。因此，为了我们的健康，应该努力做到“食不语，寝不言”。

十一

虽疏食菜羹，瓜祭，必齐如也。

古语译读

虽然是糙米饭小菜汤，也一定得先祭一祭，而且祭的时候还要恭恭敬敬，好像斋戒了的一样。

古语译读

这一章，充分地表现出孔子的礼不在隆而在诚的思想。即使只是最普通的瓜祭，也要像斋戒那样对待，庄重而严肃，恭敬而虔诚。祭祀本就是一个发自内心的礼仪，如果不能以诚待之，那又祭来何用？这一点，值得我们现代人深思。

十二

席不正，不坐。

古语译读

坐席摆得不合规矩，不坐。

古语智慧

或许有人会觉得“席不正，不坐”未免有些矫情，甚至有些过于吹毛求疵了。其实不然，当一个人在渐渐偏离正道而自己却没有意识到或把握住时，便会造成行为和思想上的更大偏差。如果一个人群或整个社会都开始摒弃正确的“是非善恶”观念，便会造成世风日下，人心不古的局面。到时候，人人都会为一己之私而互相争斗、尔虞我诈，做一些损人不利己之事，从而葬送传统淳朴的民风。

因此，别再轻忽自己一时放纵的言行，应该正身立世，以礼处事，守住做人真诚、善良、坚忍的根本，才算是对得起个人的生命意义。

十三

乡人饮酒，杖者出，斯出矣。

古语译读

参加举行乡饮酒礼，要等老人都出去了，才会出去。

古语智慧

现代社会中的一些餐桌习惯，真是不敢让人恭维：在饭店里吆五喝六、大声喧哗者有之，喝多了闹事者有之，长幼无序者有之……总之，许多现代人早已经把传统美德抛在了脑后，这不能不说是一种悲哀。

乡饮注重的是长幼之序，其目的不在饮，而在于明礼。古时的人以此为君子之德，对于现代人来说，这种美德依然具有现实意义。

十四

乡人傩（nuó），朝服而立于阼阶。

古语译读

本乡人举行迎神驱鬼的宗教仪式时，孔子必定穿上朝服站在东边的台阶上。

古语智慧

所谓傩，就是古人的一种宗教仪式，用于驱邪治病。古时候，无论是官员还是民众对于这种活动都是非常重视的，官员都要穿着官服立于房屋正（东）面的的阶下行注目礼，这时需要的是庄敬由心。心敬则神端庄，意诚则姿态祥和。

虽然从现代的眼光来看，这种仪式有迷信的成分，但我们重点要关注的并不是这种仪式本身，而是古人这种对待事物的礼仪和态度，这是值得我们借鉴和继承的。

十五

问人于他邦，再拜而送之。

古语译读

托人向别国的朋友致礼问好，向受托的人拜两次给他送行。

古语智慧

孔子这些举止言谈的具体表现，反应出他能身体力行，以恭敬之态对待所托之人，以审慎的态度对待上司的馈赠。

孔子的这种待人处世之道，在当今社会同样适用。随着经济的发展，国与国之间的距离正在逐渐缩短，与外国友人的交往也变得越来越频繁，因此我们有必要掌握更多的涉外礼节，以不失我们作为文明大国公民的风范。

十六

康子馈药，拜而受之。曰：“丘未达，不敢尝。”

古语译读

季康子给孔子送药，孔子拜而接受，却说道：“我对这药性不很了解，不敢试服。”

古语智慧

对于杀弟夺位的季康子，孔子自然不会喜欢他，但碍于其大夫的面子，孔子还是遵循礼法，拜谢并接受了他的赠药。但是，同时他又直言说自己不知药性如何是不会吃这副药的。孔子之所以如此说，一来是出于其直言不讳的品格，二来也确实有些担心药性不符，这也是他待人以诚的另一种表现。

与人交往，贵在真诚，切不可因为某种利益而戴上虚伪的面具，那样不仅很难收获真正的友情，反而会遭人唾弃。

十七

厩焚。子退朝，曰：“伤人乎？”不问马。

古语译读

孔子家的马棚失火了，孔子退朝回来，问道：“伤人了吗？”并不问马的损失情况。

古语智慧

马厩失火，问人而不问马，关切下人，而不注重钱财，这种发自内心的民本思想，是儒学提倡“仁者爱人”的具体体现。

以人为本，也是现代社会应该遵循的一条准则，尤其对于企业来说更是如此。员工的聪明才智是企业重要的知识资源，它的开发程度决定着企业能否持续发展。所以企业管理要以人的全面发展为核心，具体来说要做到以下几点：重视员工的需要；鼓励培养员工实现个人的全面发展；组织设计以人为中心，致力于个人目标与企业目标相吻合，等等。具体来说，可以将这些原则概括为四个字——知人善用。知人包括尊重人、信任人、理解人、关怀人、激励人；善用是指用人的合理性，即用其所长、用其所思、用其所愿，还要用当其时、用当其位。

十八

君赐食，必正席先尝之。君赐腥，必熟而荐之。君赐生，必畜之。侍食于君，君祭，先饭。

古语译读

国君赐以熟食，孔子一定摆正座位先尝一尝。国君赐以生肉，一定煮熟了，先（给祖宗）进贡。国君赐以活物，一定养着它。

同国君一道吃饭，当他举行饭前祭礼的时候，自己先吃饭（不吃菜）。

古语智慧

中国是古老的礼仪之邦，最早的餐桌礼仪在商代就出现了，有专门祭祀和进贡的“礼器”，朝廷也有专门的“礼部”，百姓之间也崇尚“礼尚往来。”人们常说，“站有站相，坐有坐相，吃有吃相，睡有睡相”，这里所说的吃有吃相就是餐桌礼仪的一种，指的是吃相要优雅，这样既符合礼仪的要求，也有利于身体的健康，同时也有利于我国饮食文化的继承和发展。

十九

疾，君视之，东首，加朝服，拖绅。

古语译读

孔子病了，国君来探问。他将头朝东面，把朝服披在身上，拖着大带。

古语智慧

孔子患了病，躺在床上，国君来探视他，他无法起身穿朝服，这似乎对国君不尊重，有违于礼，于是他就把朝服盖在身上。这反映出孔子即使在病榻上，也不会失礼于国君。生活中的这一个小细节，为孔子对礼的诠释加了一个完美的注脚。

二十

君命召，不俟（sì）驾行矣。

古语译读

国君召唤，孔子不等驾好车，先步行出发。

古语智慧

人与人的尊重是相互的，上下级之间也是如此。上级对待下属应该给予尊重，同样的，下属对待上级也要给予尊重以及拥戴。这一点，要表现在日常工作中的方方面面，比如说，要服从上级的指挥和调遣，不要在背后议论上级等，当然，对上级最大的尊重和拥戴就是把自己的本职工作做好，成为上级工作中的好帮手。

二十一

入太庙，每事问。

古语译读

见《八佾篇》。

二十二

朋友死，无所归，曰："于我殡。"

古语译读

朋友死亡，没有负责收殓的人，孔子便说："丧葬由来我料理。"

古语智慧

对一个人最大的礼仪，莫过于为其办理丧事了，朋友之交，莫过于此。现实生活中，我们不一定非要做到孔子的程度，当然也很少有人能够难达到他的这种高度。但是，交友贵在真诚，只有对朋友付出真诚，才有机会获得真诚的友情。

二十三

朋友之馈，虽车马，非祭肉，不拜。

古语译读

朋友的赠品，即使是车马，只要不是祭肉，孔子在接受的时候，不行礼。

古语智慧

只要面对与祭祀有关的礼仪和物品，孔子的态度皆十分庄重、严肃。几千年来，祭祀的传统和习俗一直在民间流传，但现实生活中，许多人对此的态度却都流于形式，并没有发自内心的对其重视，这一点从祭祀过程中的种种现象就可以窥见一二。

其实，作为一种古老的传统和习俗，我们对此应该予以完好地继承，在继承的过程中，也可以有一些创新，比如在形式上、内容上，但是有一点必须要守住，那就是对这一古老礼法的尊重，以及对逝去亲人发自内心的怀念。

二十四

寝不尸，居不客。

古语译读

睡觉时不挺着四脚躺着像死尸一样，平时坐着也不像做客或接待客人时那样规矩。

古语智慧

孔子在修炼自己修养的时候，连睡觉时的仪态也从不怠慢，连坐在车里的姿态也不容自己放肆，他就是这样严谨持身，从细节约束自己，不断提升着个人修养。

一个人的修养递进的过程就是其自我约束的过程。一个人对天、道、人越是怀有敬畏之心，就越能收缩欲望和索取的心理，就越能宽怀谅人，博施于人，也就越发地善良和完美。

二十五

见齐衰者，虽狎，必变。见冕者与瞽者，虽亵，必以貌。凶服者式之。式负版者。

有盛馔，必变色而作。

迅雷风烈必变。

古语译读

孔子看见穿齐衰孝服的人，就是极亲密的，也一定改变态度，（表示同情）。看见戴着礼帽和瞎了眼睛的人，即使常相见，也一定有礼貌。

在车中遇到拿了送死人衣物的人，便把身体微微地向前一俯，手伏着车前的横木，（表示同情。）遇见背负着国家图籍的人，也手伏车前横木。

一有丰富的菜肴，一定神色变化，站立起来。

遇见疾雷、大风，一定改变态度。

古语智慧

社交场合，得体的礼仪必不可少。而且，不同的场合，要使用不同的礼仪，这样才能成为一个真正懂礼、守礼的人，为成为社交达人奠定基础。

二十六

升车，必正立，执绥。

车中，不内顾，不疾言，不亲指。

古语译读

孔子上车，一定先端正地站好，拉着扶手带（登车）。

在车中，不向内回顾，不很快地说话，不用手指指画画。

古语智慧

遵守交通法规，是每一个驾驶人应尽的责任和义务。如果我们每一个驾驶人都能够遵守交通法规，那么就会在很大程度上改善今天交通的乱象，避免许多交通事故的发生。

二十七

色斯举矣，翔而后集。曰：“山梁雌雉，时哉时哉！”子路共之，三嗅而作。

古语译读

（孔子在山谷中行走，看见一群野鸡在那儿飞，孔子神色动了一下。）野鸡飞翔了一阵落在树上。孔子说：“这些山梁上的雌雉，真会把握时机呀。”子路投食喂鸟，那雌雉三试探，终于不顾而飞。

古语智慧

人生处处潜藏着危机，每行一步都应慎而重之，既如荒野中的野雉也要时时提防来自外部世界的诱惑，合时宜而保全自己。作为社会生活中的主体，我们更应该审慎明辨，谨防利欲熏心，见机而作，因时而动。

先进篇

志存高远，躬身践行

《先进篇》主要讲述了孔子对弟子们的评价，对中庸思想的论述，学习与做官的关系，对待鬼神、生死问题的态度以及孔子和他的学生们在政治思想上的倾向。

岁月沧桑，天道轮回。君子立身，应志存高远，安贫乐道。『素富贵，行乎富贵；素穷贱，行乎穷贱。』安分而执着于自己的追求，体悟生命的真谛，平庸地活着，不如辉煌地逝去。生命的意义不在于其长度，而在于生命历程的质量。不投机取巧，不虚浮骄躁，用心专一，安守寂寞，肩挑责任的重担，心怀万民之疾苦，勇于进取，勇于实践，踏实地汲取知识的养料，是金子就一定能够发光。

名利如烟云，过眼即逝，一时的喧嚣与聒噪，都会随岁月的变迁而没入沉寂，唯有完善的人格、高洁的品质以及孜孜以学的精神，会在岁月的涤荡中熠熠生辉。

一

子曰："先进于礼乐，野人也；后进于礼乐，君子也。如用之，则吾从先进。"

古语译读

孔子说："先学习礼乐然后再从政的是'野人'，先从政然后再学习礼乐的是'君子'。如果让我选用人才，我要用先学习礼乐的人。"

古语智慧

立足社会，要先对自己有清醒的认识，这样才能摆正心态，找准自己的社会地位。文化知识的学习很重要，礼仪及为人处世的常识也不可或缺。

至于学习知识和学习礼仪孰轻孰重，孰先孰后，这其实并不是一个大问题，无谓先后，两相并举最好。也就是说，我们不要因为学习知识而忽视了对礼仪的学习和讲究，也不要只顾讲究礼仪而荒废了学业。总之就是，既要顾好面子上的礼仪也要以文化装饰自己的内心，这样才能成为一个修养与学识并举的人。

二

子曰："从我于陈、蔡者，比不及门也。"

古语译读

孔子说："跟着我在陈国、蔡国之间忍饥受饿的人，都不在我这里了。"

古语智慧

公元前489年，孔子和弟子子路、子贡、颜渊等人从陈国前往蔡地。途中，他们被陈国的人们所包围，绝粮七天，许多学生都饿倒了。公元前484年，孔子回鲁国以后，子路、子贡等先后离开了他，随后颜回（渊）也死了。这句话反映的正是孔子思念弟子时的心情。

三

德行：颜渊，闵子骞，冉伯牛，仲弓。言语：宰我，子贡。政事：冉有，季路。文学：子游，子夏。

古语译读

（孔子的学生各有所长。）德行好的：颜渊，闵子骞，冉伯牛，仲弓。会说话的：宰我，子贡。能办理政事的：冉有，季路。熟悉古代文献的：子游，子夏。

古语智慧

孔子想到这些学生的长处，这对我们现在的教育者也是一个启发。对学生，不要按照固定的模式去培养，固定的标准去检验，这样很多有才能的孩子就会被埋没，而培养出来的学生也不适合多元化的社会。应该更多地发现他们的长处，培养他们的长处，发挥他们的长处，因材施教，这样才能更好地为社会培养人才。

四

子曰："回也非助我者也，于吾言无所不说。"

古语译读

孔子说："颜回不是有助于我的人，他对我说的话没有不心悦诚服的。"

古语智慧

我爱吾师，但吾更爱真理！尊敬师长是做人最基本的美德，但一味地谦卑顺从，则无益于学问的探讨，若在学术上因为是己之师就唯唯诺诺，这样就有违追求真理的初衷了。

同样地，在工作中也是如此，尊敬领导是我们应该做到的。但是这并不代表唯领导命是从。领导也是人，也有犯错误的时候，如果我们发现了领导在工作中的不当或错误，不仅不指出，反而继续执行，那么很有可能让一个小错误最终演变成无法挽回的巨大损失。当然，向领导提出反对意见时要讲究方式方法，这样才能取得更好的效果。

五

子曰："孝哉闵子骞！人不间其父母昆弟之言。"

古语译读

孔子说："闵子骞真是孝顺啊！别人对于他父母、兄弟称赞他的话从无异议。"

古语智慧

现实生活中，很多家庭矛盾在一定程度上都与周围环境有直接的关系，亲戚、朋友、邻里之间的议论，可以导致父母、兄弟、夫妻、婆媳之间产生误会。更有甚者遇到一个喜欢搬弄是非之人，那就更容易发生矛盾。因此，家庭生活中每个人都应该做到坦诚互谅，自守中正，耳根不软。

人物链接

闵子骞：名损，字子骞，春秋时期鲁国人。孔子高徒，在孔门中以德行与颜回并称。他为人所称道，主要是他的孝，为二十四孝子之一。孔门七十二贤之一。

六

南容三复白圭，孔子以其兄之子妻之。

古语译读

南容一遍又一遍地诵读“白圭之玷，尚可磨也；斯言之玷，不可为也”，孔子便把侄女嫁给了他。

古语智慧

孔子的做法是在告诫世人，千万不能戴有色眼镜看人，人非圣贤，孰能无过？不要因为一个人犯过一次错误就永远否定他。

我们要学会宽容，不要用嘲笑的眼神去看待那些犯过错的人，因为他们已经为此付出了代价，所以不要再给他们扣上一顶沉重的帽子，否则他们很可能永远没有机会重归正途。相反的，如果能给他们一句温暖的慰问，一个温情的拥抱，也许就可以帮助他们从犯错的阴影中走出来，改过自新。而且给予别人宽容，也会让我们变得快乐，何乐而不为呢？

七

季康子问："弟子孰为好学？"孔子对曰："有颜回者好学，不幸短命死矣，今也则亡。"

古语译读

季康子问道："你的学生中谁最好学？"孔子回答说："有个叫颜回的最好学，不幸夭折了，现在可没有这样的人。"

古语智慧

生死是大自然的规律，我们要从容地面对生与死，生固然欣喜，死亦无所畏惧。一个生命的结束，蕴含着新生命的诞生。人常说天妒英才，也许是因为英才才能够做到竭心尽力地为民所思所想所为，鞠躬尽瘁，因此才会因为劳累过度而过早地逝去。但是为了追求理想、信念，为了远大的志向，为了实现自己人生的价值，死又有何憾？

八

颜渊死，颜路请子之车以为之椁。子曰："才不才，亦各言其子也。鲤也死，有棺而无椁。吾不徒行以为之椁。以吾从大夫之后，不可徒行也。"

古语译读

颜渊死了，（他的父亲）颜路请求孔子卖掉车子，给颜渊买个外椁。孔子说："（虽然颜渊和孔鲤）一个有才一个无才，但各自都是自己的儿子。孔鲤死的时候，也是有棺无椁。我没有卖掉自己的车子步行而给他买椁。因为我还跟随在大夫之后，是不可以步行的。"

古语智慧

从这段话中，我们可以悟出两个道理。一是不攀比，无论是喜事还是丧事，都要在自己能够承受的范围之内去办理，而不应该打肿脸充胖子，那样只会给自己带来许多后患。尤其是丧事，与其在亲人死后大肆操办，予以后葬，远不如在生前予以薄待。二是一切要按规矩、礼仪来办。俗话说，没有规矩，不成方圆。大到一个国家，小到一个单位，一个家庭，都应该是有规矩，有礼仪的，这不仅能彰显我们中华民族深厚的文化底蕴，同时也是管理、治理这个社会的必经之路。

人物链接

颜路：名无繇。颜渊之父。

孔鲤：字伯鱼，孔子之子，先于孔子死。

九

颜渊死，子曰："噫！天丧予！天丧予！"

古语译读

颜渊死了。孔子说："唉！老天要我的命呀！老天要我的命呀！"

古语智慧

孔子视颜回（渊）为自己最得意的门生，论语里处处流露出对他的喜爱，弟子三千，唯有颜回才得其真传，也是最佳的接班人。所以，颜回的早逝对孔子来说不能不说是一个沉重的打击。当时孔子已经七十一岁了，而且在一年前他就已经经历过了一次白发人送黑发人的痛苦（他的儿子孔鲤早颜回一年去世）。所以，面对颜回的死，孔子再也掩饰不住自己的悲伤，不禁仰天长叹，老泪纵横。

至亲至爱的人的离世，无法不带给我们伤痛，尤其是遇到孔子这种白发人送黑发人的境况。所以，作为父母的孩子，我们应该好好爱惜自己的身体，健康地活着，这样才能给父母多一些的安慰和陪伴。

十

颜渊死，子哭之恸。从者曰："子恸矣！"曰："有恸乎？非夫人之为恸而谁为？"

古语译读

颜渊死了，孔子哭得十分伤心。跟随的人说："您太伤心了！"孔子说："太伤心了吗？我不为这个人伤心又为谁伤心呢？"

古语智慧

颜回，安贫、乐道、守德，这个孔夫子眼中绝佳的君子形象，道未弘而身先死，留给夫子的是无尽的遗憾和忧伤。

人生的意义不在其长度而在其深度。有的人为了人类和谐、仁爱，奋斗不息，在其瞑目之时能看到这个社会的进步，他的内心必定会是温暖的，这样的人生也必定是辉煌的。活得精彩，死也无憾，唯一要说遗憾的也许是留在人们心中的那份怀念吧！

十一

颜渊死，门人欲厚葬之。子曰："不可！"

门人厚葬之。子曰："回也视予犹父也，予不得视犹子也。非我也，夫二三子也。”

古语译读

颜渊死了，孔子的学生们要厚葬他。孔子说：“不可。”学生们最终还是厚葬了他。孔子说：“回呀，你把我当父亲看待，这次我却无法把你当儿子看待，不是我要这样做，是这些学生要这样做。”

古语智慧

按道理来讲，最得意的门生去世了，孔子自己因礼教约束不去厚葬他无可厚非，却似乎没有理由反对其他弟子这么做。表面上看，孔子的做法有些不尽人情，但从本质上来看，这正是孔子对礼的遵从的最佳表现。

孔子所遵从的礼，正如现代人应该遵从的法律法规一样。如果人人都懂法、守法，那么我们的社会就得变得越来越和谐，我们的国家也会变得越来越强大。

十二

季路问事鬼神。子曰：“未能事人，焉能事鬼？”曰：“敢问死。”曰：“未知生，焉知死？”

古语译读

子路问如何侍奉鬼神。孔子说：“活人尚不能侍奉好，哪能去侍奉死鬼？”子路又说：“胆敢问死是怎么回事？”孔子说：“生都弄不清楚，又怎能知道死呢？”

古语智慧

在对待鬼神这个问题上，孔子持有的是一种两可的态度，即不议论却也不否定其存在。儒家注重的是今生今世，如何把人教育成高尚的君子，对于死亡或鬼神则表现得很坦然，有一种既来之则安之的泰然。

其实孔子和儒家这种对待鬼神的态度，一点也不难理解，因为在孔子看来，鬼神的问题，生死的问题，都是探索宇宙奥秘、生活本质的大问题，不是一句话两句话就可以说得清楚的，也不是他所处的那个时代能够搞清楚的。所以，对待自己搞不清楚的问题，他既没有盲从迷信，也没有简单否定，而是抱着一种“怀疑”的态度，敬而远之。这种态度实际上是现实而理智的态度，也是最明智、最科学的态度。也是我们现代人应该遵循的一种认识事物、了解事物的态度。

十三

闵子侍侧，訚訚如也；子路，行行如也；冉有、子贡，侃侃如也。子乐。“若由也，不得其死然。”

古语译读

闵子骞侍立孔子身边，恭敬正直的样子；子路，刚强的样子；冉有、子贡，温和而愉快的样子。孔子高兴起来，但说了一句：“仲由啊，恐怕不得善终。”

古语智慧

虽然弟子众多，但孔子对每个学生都了如指掌。在说这番话的时候，他一方面是为自己有这些各有所长的学生而感到欣慰，另一方面，也对子路的刚强易折感到了忧虑。师之爱生，人之常情，孔子对子路的这种担心正说明了这一点。

以现在的眼光来看，如果性格太过刚硬，不肯屈就，就如子路一般，那很多时候都会吃亏的。所以，为人处世尽量还是要圆滑一些。当然，这并不是说刚硬的性格不好，刚硬性格的人大多正直、善良，但凡事过犹不及，如果时时处处都表现得很刚硬，那样会很容易受伤。所以，我们应该做到的是，在保持善良、正直人格的基础上，尽量学会圆滑处世。

十四

鲁人为长府。闵子骞曰："仍旧贯，如之何？何必改作？"子曰："夫人不言，言必有中。"

古语译读

鲁国翻修长府。闵子骞说："照老样子行不行？何必一定要翻修呢？"孔子说："这人平时不怎么说话，一说就必定中肯。"

古语智慧

翻修长府，规模较大，而且似乎还要摒弃原来的样子，予以翻新。孔子和闵子骞都认为这是一种浪费，而且他们认为创新在这件事上也并不适用。

引申到今日社会，与时俱进是没有错，但并不是说任何事物都要创新，都要标新立异。有时候创新做得太过，其结果只能是劳民伤财，造成不必要的浪费。

十五

子曰："由之瑟奚为于丘之门？"门人不敬子路。子曰："由也升堂矣，未入于室也。"

古语译读

孔子说："仲由弹瑟的水平，哪里能在我的门下弹奏呢？"学生们因此不尊重子路。孔子又说："仲由嘛，他的学问可以称得上是登堂了，只是尚未入室罢了。"

古语智慧

子路只比孔子小 9 岁，在孔门中属年长者。他的性格刚强威猛，所以所弹的琴中也透露出了杀伐之音，缺少平和中正之气。因此，孔子批评了他，但也仅限于鼓瑟之音。但是，他的这种做法却带来了负面效应，其他弟子看到孔子不喜欢子路，于是便都对他不尊重起来。孔子发现了这件事，立即对之前批评子路的事情予以了纠正，但也未曾言过其实，而是肯定了一部分，否定了一部分，既震慑了一些不尊重子路的弟子也不至于让子路过于骄傲，可谓一举两得。

由此我们可以悟出一个道理，圣人也会犯错，何况是你我等凡人？而且，犯错并不可怕，只要能够及时发现并积极改正，就可以在很大程度上弥补过失。

十六

子贡问："师与商也孰贤？"子曰："师也过，商也不及。"曰："然则师愈与？"子曰："过犹不及。"

古语译读

子贡问道："颛孙师与卜商，谁强一些呢？"孔子说："颛孙师有些过分，卜商有些不及。"子贡又说："那么颛孙师要强一些吗？"孔子说："过分和不及同样是不行的。"

古语智慧

若事不及，则会丧失良机；若求全责备，则有失仁德。做人或是做事都应该如同每天坐公交车一样，能做到到站下车，而不要少坐一站或坐过一站，这样才不会迷失目标。因为错过这站你就得转身徒步往回赶，若未到站就得重新搭车继续向前，这样都不利于自己的生活。

十七

季氏富于周公，而求也为之聚敛而附益之。子曰："非吾徒也。小子鸣鼓而攻之，可也。"

古语译读

季氏比周公还有钱，冉求却又替他搜括，增加更多的财富。孔子说："冉求不是我们的人，你们学生可以大张旗鼓地来攻击他。"

古语智慧

孔子教书育人，传授给弟子们的技艺有很多，从政只不过是众多技艺中的一种，而且并不是儒家思想的核心。对于像冉求这样的弟子，孔子是深为不齿的，因为他帮助富人征税，欺压百姓，这是孔子所不能原谅的，所以当即断了与他的师徒名份，并叫门人共同讨伐他。

由此可见，虽然在礼不下庶民的时代，但孔子对庶民也是非常宽容的，他的一切世俗要求都是为公务员准备的。

十八

柴也愚，参也鲁，师也辟，由也喭（yàn）。

古语译读

高柴愚笨，曾参迟钝，子张偏激，子路鲁莽。

古语智慧

桃李满天下的孔子，看着上千弟子能人辈出，贤才良多，心里暗自涌动着欣喜之流，但表情依旧庄敬。他唯恐弟子学养不深，修德不够而难以承继绝学。因此，无论对才学还是修养都是一流的弟子，仍旧是责备多于赞扬，鞭策多于鼓掌。

教书育人，理当如此，切不可因学生成绩好便夸赞不绝，那样很容易让学生滋长骄傲的心理，从而不利于学业的顺利完成，甚至影响其今后的社会生活。

十九

子曰："回也其庶乎，屡空。赐不受命，而货殖焉，亿则屡中。"

古语译读

孔子说："颜回几乎是个完人了，可却总是穷困不堪。子贡"不受命"，但是做买卖却每每成功。"

古语智慧

安贫乐道真的是颜回从一开始就追求的人生目标吗？应该不是，一个人如果没有任何理想和希求是说不过去的，就像这段话说的那样，颜回也是有理想和希求的，只不过他很清楚地认识了人生，所以才会安贫乐道，这正是他的“贤哉”之处；再来说子贡，其实子贡也并没有刻意去经商发财，更没有为了发财而钻头觅缝，在经商方面他表现得很平淡，只是随意地揣测，就常常猜中行情，然后着手打理，发了大财。

在现实生活中，我们也知道，那些为了发财而钻头觅缝的人是很难找到钱的，而踏踏实实做事情的人，反而会更容易收获财富和地位。颜回的安贫乐道和子贡的随意经商说的都是“过犹不及”的道理。

二十

子张问善人之道。曰：“不践迹，亦不入于室。”

古语译读

子孙问“善人”是怎样一种情况。孔子说：“善人不用踩着前人的脚印走，不过他的修养也不能达到最高的境界。”

古语智慧

善念发乎内心，非博一时之名。诚心为善，他人有难，施以援手，不求于人，不求名于世，不刻意而为。默默奉献，不为人知，只有发自内心的善念，才是真正的“仁”，才是“德”之所修，才能得到世人最由衷的敬意。

二十一

子曰："论笃是与，君子者乎？色庄者乎？"

古语译读

孔子说："总是赞许那些言语诚实的人。这种人到底是真君子呢？还是只在表情上显得庄重的人呢？"

古语智慧

对于真心为善，或是假意伪善者，孔夫子开出了这么一道药方："察其言，观其行，人焉廋哉？"也就是说，对于一个人的考量不能仅停留在听其言上，还要考察他的行为。现实生活中，伪善的人总是装扮出一副仁义道德的庄重外形，以期达到自己真正的目的，这一点引起我们的警觉。

二十二

子路问："闻斯行诸？"子曰："有父兄在，如之何其闻斯行之？"

冉有问："闻斯行诸？"子曰："闻斯行之。"

公西华曰："由也问闻斯行诸，子曰'有父兄在'；求也问闻斯行诸，子曰'闻斯行之'。赤也惑，敢问。"子曰："求也退，故进之；由也兼人，故退之。"

古语译读

子路问孔子："听了后就去实行吗？"孔子说："父兄还活着，怎么能听了就去实行呢？"

冉有也问："听了后就去实行吗？"孔子说："听了就去实行。"

公西华对孔子说："仲由问'听了就去实行吗'，您说'父兄还活着'；冉求问'听了就去实行吗'，您说'听了就去实行'。我感到不解，胆敢来问个明白。"孔子说："冉求临事退缩，所以给他以鼓励；子路喜欢冒进，所以要对他压一压。"

古语智慧

因人而异，因材施教，这是孔子教育思想的重要内容，对于这件事的处理恰好印证了他的这个观点——对症下药，即同一件事发生在不同人或是不同秉性人的身上，所采取的办法应该是有所区别的。

二十三

子畏于匡，颜渊后。子曰："吾以女为死矣。"曰："子在，回何敢死？"

古语译读

孔子在匡被拘禁，颜渊最后才到。孔子说："我以为你已经死了。"颜渊说："您还活着，我怎么敢死呢？"

古语智慧

颜回的这番话表达了对老师孔子真挚的情感，虽然表达得有些委婉，但相信一定会让孔子万分感动。孔子对颜回的喜爱已经无须再多言，反过来，颜回对孔子同样是尊敬又爱戴，平时侍奉孔子就如同侍奉父亲一样，所以才会说出老师在，不敢轻易赴死的话来。

尊师重道，是中华民族的优良传统，今天我们依然要恪守这一准则。

二十四

季子然问："仲由、冉求可谓大臣与？"子曰："吾以子为异之问，曾由与求之问。所谓大臣者，以道事君，不可则止。今由与求也，可谓具臣矣。"

曰："然则从之者与？"子曰："弑父与君，亦不从也。"

古语译读

季子然问孔子："仲由、冉求可以算得上大臣吗？"孔子说："我以为你问的是别人，原来问的是仲由和冉求。所谓大臣，应当依据道来侍奉君主，如果行不通就辞官不干。至于现在的仲由与冉求，可以说是能干的臣属吧！"

季子然又问："那么，他们会完全服从君主吗？"孔子说："杀害父亲或国君这种事，他们也是不会服从的。"

古语智慧

孔子在这里讲的是一个"愚忠"的问题。也就是说，作为臣子效忠于君上是理所当然的，但这并不代表唯君王之命是从，如果君王提出了违备人伦常理的事情，正直臣子也是不会去听从的，这才是真正的效忠。

反观今日社会中的许多上下级关系，下级对上级极尽逢迎，对上级的所有命令全部照做，从不考虑对错，也不考虑是否有悖常理，一切唯上级是从。这种风气一旦流传开来，那么我们的职场、官场将会是怎样一番情景？以史为鉴，以古人为榜样，才能让我们这个社会、这个国家变得更繁荣、更强大。

二十五

子路使子羔为费宰。子曰：“贼夫人之子。”

子路曰：“有民人焉，有社稷焉，何必读书，然后为学？”

子曰：“是故恶夫佞者。”

古语译读

子路叫子羔去担任费邑的总管。孔子说：“你这是害了别人的儿子。”

子路说：“那地方有民众，有土地五谷，何必一定要读书才能学习本领呢？”

孔子针对子路说：“所以我讨厌强口利舌的人。”

古语智慧

学而优则仕，既是对自身的负责，也是对所从事的事业的负责，古往今来，这个道理是相通的。另外，良好的口才可以让为人处世变得如鱼得水，但良好的口才却并不等同于强嘴利舌、巧言强辩。因此，从现在的眼光来看，孔子的这种想法虽然有一定的偏颇，但还是有一定现实意义的。

人物链接

子羔：即柴高。字子羔。其为人忠厚。孔子认为他有点愚，所以不怎么看重他。

二十六

子路、曾皙、冉有、公西华侍坐。

子曰："以吾一日长乎尔，毋吾以也。居则曰：'不吾知也！'如或知尔，则何以哉？"

子路率尔而对曰："千乘之国，摄乎大国之间，加之以师旅，因之以饥馑；由也为之，比及三年，可使有勇，且知方也。"

夫子哂之。

"求！尔何如？"

对曰："方六七十，如五六十，求也为之，比及三年，可使足民。如其礼乐，以俟君子。"

"赤！尔何如？"

对曰："非曰能之，愿学焉。宗庙之事，如会同，端章甫，愿为小相焉。"

"点！尔何如？"

鼓瑟希，铿尔，舍瑟而作，对曰："异乎三子者之撰。"

子曰："何伤乎？亦各言其志也。"

曰："莫春者，春服既成，冠者五六人，童子六七人，浴乎沂，风乎舞雩（yú），咏而归。"

夫子喟然叹曰："吾与点也！"

三子者出，曾皙后。曾皙曰："夫三子者之言何如？"

子曰："亦各言其志也已矣。"

曰："夫子何哂由也？"

曰："为国以礼，其言不让，是故哂之。"

"唯求则非邦也与？"

"安见方六七十如五六十而非邦也者？"

"唯赤则非邦也与？"

"宗庙会同，非诸侯而何？赤也为之小，孰能为之大？"

古语译读

子路、曾皙、冉有、公西华四个人陪着孔子坐着。

孔子说道：“因为我比你们年纪都大，（老了，）没有人用我了。你们平日说：‘人家不了解我呀！’假若有人了解你们，（打算请你们出去，）那你们怎么办呢？”

子路不假思索地答道：“一千辆兵车的国家，局促地处于几个大国的中间，外面有军队侵犯它，国内又加以灾荒。我去治理，等到三年光景，可以使人人有勇气，而且懂得大道理。”

孔子微微一笑。

又问：“冉求！你怎么样？”

答道：“国土纵横各六七十里或五六十里的小国家，我去治理，等到三年光景，可以使人人富足。至于修明礼乐，那只有等待贤人君子了。”

又问：“公西赤！你怎么样？”

答道：“不是我说已经很有本领了，我愿意这样学习；祭祀的工作或者同外国盟会，我愿意穿着礼服，戴着礼帽，做一个小司仪者。”

又问：“曾点！你怎么样？”

他弹瑟正近尾声，铿的一声把瑟放下，站了起来答道：“我的志向和他们三位所讲的不同。”

孔子道：“那有什么妨碍呢？正是要各人说出自己的志向啊！”

曾皙便道：“暮春三月，春天的衣服都穿定了，我陪同五六位成年人，六七个小孩，在沂水旁边洗洗澡，在舞雩台上吹吹风，一路唱歌，一路走回来。”

孔子长叹一声道：“我同意曾点的主张呀！”

子路、冉有、公西华三人都出来了，曾皙后走。曾皙问道：“那三位同学的话怎样？”

孔子道：“也不过各人说说自己的志向罢了。”

曾皙又道：“您为什么对仲由微笑呢？“

孔子道：“治理国家应该讲求礼让，可是他的话却一点不谦虚，所以笑笑他。”

“难道冉求所讲的就不是国家吗？”

孔子道：“怎样见得纵横各六七十里或者五六十里的土地就不够是一个国家呢？”

“公西赤所讲的不是国家吗？”

孔子道：“有宗庙，有国际间的盟会，不是国家是什么？（我笑仲由的不是说他不能治理国家，关键不在是不是国家，而是笑他说话的内容和态度不够谦虚。譬如公西赤，他是一个十分懂得礼仪的人，但他只说愿意学着做一个小司仪者。）如果他只做一个小司仪者，又有谁来做大司仪者呢？”

古语智慧

孔子询问四位弟子的人生志向，弟子回答之后，孔子对子路的回答有些不太满意，对公西赤的回答则十分满意。其实，子路和公西赤都是孔子的得意门生，才德上都是非常出色的人物，那么孔子为什么重公西赤而轻子路呢？这其中只有一个原因，那就是子路有些过于骄傲了，而公西赤却是一个懂得谦虚的人。

“谦虚使人进步，骄傲使人落后”，古今同理。

颜渊篇

克己复礼，仁者爱人

《颜渊篇》主要讲述了孔子对『仁』和『恕』的解释。『仁』是儒学的核心内容，所谓『仁』就是宽宏博爱，就是『四海之内皆兄弟』，同时也是按儒学礼制要求的有等级的爱：『君君、臣臣、父父、子子』。这种『仁』者礼法的推崇深刻影响了封建社会的伦理道德，也深化了中华民族的人伦文化，从客观上促进了社会的稳定与发展。

一

颜渊问仁。子曰："克己复礼为仁。一日克己复礼，天下归仁焉。为仁由己，而由人乎哉？"

颜渊曰："请问其目。"子曰："非礼勿视，非礼勿听，非礼勿言，非礼勿动。"

颜渊曰："回虽不敏，请事斯语矣。"

古语译读

颜渊问孔子究竟什么是仁。孔子说："约束自己，使言行都符合礼的要求，这就是仁。只要哪天做到这样了，天下的人都会认为你是仁人了。（由此看来，）要做到仁全靠自己，哪能靠别人呢？"

颜渊说："请问具体的内容。"孔子说："不合乎礼的事不看，不合乎礼的话不听，不合乎礼的话不说，不合乎礼的事不做。"

颜渊说："我虽然迟钝，也要依您这话去做。"

古语智慧

孔子说："非礼勿视，非礼勿听，非礼勿言，非礼勿动。"其实，心怀仁德的人，不在于外相的约束，真正的仁德如大自然一样的纯美、真实。并非眼睛不看、耳朵不听、嘴巴不说逾越礼仪的话语，就能真正的恪尽礼法，就能心怀仁德的。仁德是内心向善的一种心态，只要情系天下，心怀仁爱，不论做什么，说什么都会自然而然地流露出真挚大爱。

二

仲弓问仁。子曰：“出门如见大宾，使民如承大祭。己所不欲，勿施于人。在邦无怨，在家无怨。”

仲弓曰：“雍虽不敏，请事斯语矣。”

古语译读

仲弓问仁。孔子说：“出门就像接待贵宾一样（庄重），役使百姓就像承当大祭典一样（严肃）。自己所不喜欢的，不要强加给别人。在诸侯之国做官无所怨恨，在卿大夫家管事也无所怨恨。”

仲弓说：“我虽然迟钝，也要依您说的去做。”

古语智慧

行事要谨慎小心，尽力而为，同时要推己及人，自己感觉不乐意做的事，就不要强加于别人去做。克己复礼是为仁，克己在于除却心中的杂念，在于修心养德。侍君则要尽己之忠，待民则要宽宏仁爱。如此，才能做到在邦则政通人和，居家则邻里亲睦、和谐互助。

三

司马牛问仁。子曰：“仁者其言也讱（rèn）。”

曰：“其言也讱，斯谓之仁已乎？”子曰：“为之难，言之得无讱乎？”

古语译读

司马牛问仁。孔子说：“仁人，他的言语迟钝。”

司马牛说：“言语迟钝，这就叫仁了吗？”孔子说：“做起来不容易，说起来能不迟钝吗？”

古语智慧

孔子不喜欢口若悬河、夸夸其谈的演说家，他喜欢敏于事而慎于言的弟子。夫子曾言：“君子不忧不惧”，一个人倘若能内心恬淡坦荡，心底宽阔，“内省不惧”，还有什么值得去劳神忧愁和恐惧的呢？

做人端端正正，行事光明磊落，为官清正廉明，心底无私天地宽，堂堂正正无愧于天地。平日克制自己的言行，约束自己的欲念，如此便能修养仁德之心。

人物链接

司马牛：名犁。向魋（chī）之弟。

四

司马牛问君子。子曰：“君子不忧不惧。”

曰：“不忧不惧，斯谓之君子已乎？”子曰：“内省不疚，夫何忧何惧？”

古语译读

司马牛问怎样成为一个君子。孔子说：“君子不忧愁，不畏惧。”

司马牛说：“不忧愁，不畏惧，这就可以叫作君子了吗？”孔子说：“心中反省自己而没有愧疚，还有什么忧愁和畏惧呢？”

古语智慧

儒家提倡“吾日三省吾身”，即每一天都要自我反思三回，看看自己在各方面有没有缺失，有没有过错。有缺失的要立即弥补，有过错的要立即改正。如果三省之后，既没有发现缺失，也没有发现过错，那么就可以达到“不忧不惧”的境界了。

五

司马牛忧曰：“人皆有兄弟，我独亡。”子夏曰：“商闻之矣：死生有命，富贵在天。君子敬而无失，与人恭而有礼。四海之内，皆兄弟也——君子何患乎无兄弟也？”

古语译读

司马牛忧愁地说：“别人都有兄弟，唯独我没有。”子夏说：“我听说过：死生由命运主宰，富贵由上天安排。君子只要做事严肃认真，不出差错，对待别人谦恭而有礼节，那么，天下的人都是你的兄弟。君子何必担忧没有兄弟呢？”

古语智慧

谁也逃避不了命运的安排，谁也操控不了自然的规律。因此，无论生死，我们都应该无所畏惧，我们都应该顺心以对。如果仅仅为利益而活，那么只能算是苟且偷生，虽生犹死，生命的价值便轻如鸿毛。大丈夫当以天下为己任，抱负远大，胸襟开阔，仁者爱人，四海之内皆兄弟。

六

子张问明。子曰：“浸润之谮（zèn），肤受之愬（sù），不行焉，可谓明也已矣。浸润之谮，肤受之愬，不行焉，可谓远也已矣。”

古语译读

子张问怎样才算明察。孔子说：“像水那样一点一点地浸润过来的谗言，像切肤之感那样迫切的诬告，在你这里行不通，那你就可以说是明察了。像水那样一点一点地浸润过来的谗言，像切肤之感那样迫切的诬告，在你这里行不通，那你就可以说是看得远了。”

古语智慧

谁都喜欢听赞美之词，谁都知道赞歌总比训斥入耳。然而俗话说，“忠言逆耳利于行”，如果一味的只听喜欢听的话，就会养成偏听偏信的恶习，偏离公正之心，助长起虚浮之念，从而败坏社会的淳朴之风。

七

子贡问政。子曰：“足食，足兵，民信之矣。”

子贡曰：“必不得已而去，于斯三者何先？”曰：“去兵。”

子贡曰：“必不得已而去，于斯二者何先？”曰：“去食。自古皆有死，民无信不立。”

古语译读

子贡问如何治理政事。孔子说：“充足粮食，充足军备，让百姓对政府产生信任就行了。”

子贡又问：“如果迫不得已要去掉一项，在粮食、军备和百姓的信任这三者之中先去掉哪一项呢？”孔子说：“先去掉军备。”

子贡又问：“如果迫不及得已还要去掉一项，在粮食与百姓的信任二者之中先去掉哪一项呢？”孔子说：“先去掉粮食。自古以来，是人都难免一死。但如果百姓对政府失去信任，国家就无法存在了。”

古语智慧

这段话很好地体现和验证了孔子“民本位”的思想。民者，国之本，一个国家如果百姓能安居乐业，民风淳朴，国家自然会和谐、安定。而民者，足食，民以食为天，民生问题得不到妥善解决就谈不上推行政治的宏图大愿。这一道理在现代社会同样适用。

八

棘子成曰：“君子质而已矣，何以文为？”子贡曰：“惜乎，夫子之说君子也！驷不及舌。文犹质也，质犹文也，虎豹之鞟（kuò）犹犬羊之鞟。”

古语译读

棘子成对子贡说：“君子只要有好的本质就行了，要那些礼仪文饰干什么？”子贡说：“先生这样地谈论君子，真令人可惜啊！一言既出，驷马难追。本质和文饰，两者同样地重要。如果把虎豹和犬羊两种兽皮的不同文彩的毛去掉，那么这两种皮革就没有多少区别了。

古语智慧

过分追求外在的形式，而不注重内心的修养，就会导致思想僵化，行为虚浮。而忽视礼仪文饰，过分强调自我的天性，就会思想空虚，行为粗野。因此，只有将好的自然秉性与良好的礼仪文饰恰到好处地结合在一起，才能成为一个有内涵的真君子。

人物链接

棘子成：卫国大夫。

九

哀公问于有若曰：“年饥，用不足，如之何？”

有若对曰：“盍彻乎？”

曰：“二，吾犹不足，如之何其彻也？”

对曰：“百姓足，君孰与不足？百姓不足，君孰与足？”

古语译读

哀公向有若问道：“收成不好，国家用度不够，应该怎么办呢？”

有若回答说：“何不实行十分抽一的税率呢？”

哀公说：“十分抽二，我还不够，怎么能十分抽一呢？”

有若回答说：“如果百姓的用度够了，您怎么不够呢？如果百姓的用度不够，您又怎么够呢？”

古语智慧

民为邦之本，富国之道，不在聚财，而在乎于养民，国家要富强，则必须先要百姓首先富庶。聚敛搜刮，能使国库一时充盈，但往往会挖空国之基石。

十

子张问崇德辨惑，子曰：“主忠信，徙义，崇德也。爱之欲其生，恶之欲其死。既欲其生，又欲其死，是惑也。‘诚不以富，亦只以异。’”

古语译读

子张问如何提高品德，辨别疑惑。孔子说：“以忠诚信实为宗旨，唯义是从，这就可以提高品德。喜欢一个人的时候，就希望他长生；厌恶起他来，就希望他立即死去。既想他长生，又想他快死，这就是疑惑。（这样做的结果，就如《诗经》上说的）‘确实对自己没有好处，只是让人觉得怪异罢了。’”

古语智慧

面对天地，要怀有一颗坦诚的素心，面向高尚要始终愿意弯下自己谦卑的身躯，见贤思齐，见德追随。天地万物，不能以你的意愿而生，也不会以你的厌恶而灭。忠诚于自己的信念，不朝三暮四，不左顾右盼，这就是崇德；意乱情迷、心无恒专，这就是迷惑；坚定不移、明辨是非，这就是明辨惑。

十一

齐景公问政于孔子。孔子对曰：“君君，臣臣，父父，子子。”公曰：“善哉！信如君不君，臣不臣，父不父，子不子，虽有粟，吾得而食诸？”

古语译读

齐景公向孔子问如何治理国家。孔子回答说：“国君要守君道，臣下要守臣道，父亲要守父道，儿子要守子道。”景公说：“太对了！假如国君不守君道，儿子不守子道，即使有粮食，我吃得上吗？”

古语智慧

君君、臣臣、父父，子子不只是一种表象化的秩序纲常，也是一种尊亲之礼、之义的礼节，更是一种各行其道，上下有序的人文道德。在任何社会都不应忽略人文精神和伦常道德，在不同的时期应将这种尊亲之礼合乎时代化，以便更好地传承和发扬其精髓。

人物链接

齐景公：姓吕，名杵臼，齐灵公子，齐庄公弟。在位五十八年，谥曰景公。

十二

子曰："片言可以折狱者，其由也与？"

子路无宿诺。

古语译读

孔子说："仅凭一方的言辞就可以断案的，大概只有仲由吧？"

子路从不拖延实现诺言。

古语智慧

子路为人忠信刚直，刚则明，明则断，所以孔子赞许他片言可以折狱。另外，子路也是一个重信守诺的人，从不轻易许诺，只要许诺，便从不食言。

"言必信，行必果"，为人以诚相待、践行不欺，认真执着地信守承诺，这是做人最基本的准则，也是整个社会赖以存在和发展的基础。

十三

子曰：“听讼，吾犹人也。必也使无讼乎！”

古语译读

孔子说：“审理诉讼，我同别人差不多。一定要使诉讼的事件完全消灭才好。”

古语智慧

作为政治家的孔子对政治有着很强的敏感性和洞察力，正所谓“听松涛者，知山之高远”。现代社会中，作为领导者，也应该努力修炼这种能力，这样才能达到趋利避害，引领下属的目的。

十四

子张问政。子曰：“居之无倦，行之以忠。”

古语译读

子张问为政之道。孔子说：“在位不要厌倦懈怠，执行政令要出自忠心。”

古语智慧

身居官位，就要以仁德的规定要求自己，以礼的原则治理国家和百姓，孜孜不倦，勤政爱民，切实把握和贯彻好政策的精髓。

身在企业，就要把平时的工作当作自己事业的奠基，埋头苦干，孜孜以求，不弄虚作假，不拈轻怕重，以实际行动追求卓然的业绩。

十五

子曰："博学于文，约之以礼，亦可以弗畔矣夫！"

古语译读

见《雍也篇》。

十六

子曰："君子成人之美，不成人之恶。小人反是。"

古语译读

孔子说："君子成全别人的好事，不成全别人的坏事。小人则刚好与之相反。"

古语智慧

现代人要修炼古人成人之美的这种胸襟是不容易的，需要大功力、大涵养。需要我们深深体会到，当我们称赞他人时，他人也会称赞我们；当我们成就了他人之美，反过来他人也会成就我们。如果遇到他人需要我们帮助时，要力所能及地给予支持与帮助。要把他人的事情当作自己的事去办，把他人的荣耀当作自己的荣耀，这是人世间做人的最高精神境界。总之，成就他人之美，就必须胸怀坦荡，善于推荐他人，善于赞美他人。

十七

季康子问政于孔子。孔子对曰："政者，正也。子帅以正，孰敢不正？”

古语译读

季康子向孔子问政治。孔子答道：“政字的意思就是端正。您自己带头端正，谁敢不端正呢？”

古语智慧

孔子对执政者总是会提出许多要求和建议。在这里，他就告诉执政者说，先正己方能正人，才能带领百姓走上正道，使国家得到发展，百姓获得安定、富足的生活。古今同理。

十八

季康子患盗，问于孔子。孔子对曰：“苟子之不欲，虽赏之不窃。”

古语译读

季康子以盗贼太多为患，向孔子请教。孔子回答说：“假若您自己不贪求财物，即使奖励他们偷盗，他们也不会干。”

古语智慧

正人者先正己，严于律己，才能以己之德感染他人。为官者堂堂正正，勤政廉洁，民风自然淳朴和谐；为师者师德崇高，兢兢业业，学生自然仰慕其品德、敬仰其博学而努力上进。这便是上行下效的道理。

十九

季康子问政于孔子曰："如杀无道，以就有道，何如？"孔子对曰："子为政，焉用杀？子欲善而民善矣。君子之德风，小人之德草。草上之风，必偃。"

古语译读

季康子向孔子请教政治，说道："假若杀掉坏人来亲近好人，怎么样？"孔子答道："您治理政治，为什么要杀戮？您想把国家治理好，百姓就会好起来。领导人的作风好比风，老百姓的作风好比草。风向哪边吹，草向哪边倒。"

古语智慧

这段话与之前季康子问政的那一句表达的意思类似，即说给当政者听的。作为领导者，如果不能给下边的人树立一个正确的榜样，值得学习的榜样，那么即使能力再强也不算是一个合格的领导。

二十

子张问："士何如斯可谓之达矣？"子曰："何哉，尔所谓达者？"子张对曰："在邦必闻，在家必闻。"子曰："是闻也，非达也。夫达也者，质直而好义，察言而观色，虑以下人。在邦必达，在家必达。夫闻也者，色取仁而行违，居之不疑。在邦必闻，在家必闻。"

古语译读

子张问孔子说："读书人怎样才能叫作达呢？"孔子反问说："你讲的达是什么意思呢？"子张回答说："在国家做官一定很闻名，在卿大夫家管事一定很闻名。”孔子说：“这叫作闻，不叫达。所谓达，就是本性正直，很讲道理，善于分析别人的话语，善于观察别人的神色，在心中愿意向别人谦让。这种人在国家做官必定行得通，在卿大夫家管事也必定行得通。所谓闻，就是表面爱好仁德，而行动与之相反。这种人在国家做官必定捞到好名声，在卿大夫家管事也必定捞到好名声。”

古语智慧

“闻”追求一种虚有的声名，并不是显达；而“达”是一种务实态度下所努力的成就。有才学通达之人内心深处应具备仁、义、礼的德性，注重自身的道德修养，表里如一而不只为了追求虚名。

简单来说就是，我们做人、做事 为官、为政，要追求的不应该是“闻”，即图一时的虚名，而应该追求“达”，即做人、做事，要表里如一，脚踏实地。

二十一

樊迟从游于舞雩之下，曰：“敢问崇德，修慝（tè），辨惑。”子曰：“善哉问！先事后得，非崇德与？攻其恶，无攻人之恶，非修慝与？一朝之忿，忘其身，以及其亲，非惑与？”

古语译读

樊迟陪孔子在舞雩台下游逛，说道：“请问怎样提高自己的品德，怎样消除别人对自己不露面的怨恨，怎样辨别出哪种是糊涂事。”孔子道：“问得好！首先付出劳动，然后收获，不是提高品德了吗？批判自己的坏处，不去批判别人的坏处，不就消除无形的怨恨了吗？因为偶然的愤怒，便忘记自己，甚至也忘记了爹娘，不是糊涂吗？”

古语智慧

这里我们主要来讲讲“先事后得”。几千年前，孔子就教导我们说，要想有所收获，必须先付出劳动。可是现实生活中，总是有一些人天天想着不劳而获，甚至不惜用卑鄙的方法去获取不属于自己的东西，有的人甚至还会为此走上犯罪的道路。这样的人，终将被社会所抛弃。

二十二

樊迟问仁。子曰：“爱人。”问知。子曰：“知人。”

樊迟未达。子曰：“举直错诸枉，能使枉者直。”

樊迟退，见子夏曰：“乡也吾见于夫子而问知，子曰：‘举直错诸枉，能使枉者直’，何谓也？”

子夏曰：“富哉言乎！舜有天下，选于众，举皋陶，不仁者远矣。汤有天下，选于众，举伊尹，不仁者远矣。”

古语译读

樊迟问仁。孔子说：“爱别人。”又问智。孔子说：“了解别人。”

樊迟还不明白。孔子便说：“把正直的人选拔出来，使其位置在邪恶的人之上，就能使邪恶的人改正过来。”

樊迟退了出来，去对子夏说：“刚才我去见了老师，向他问智，老师说：‘把正直的人选拔出来，使其位置在邪恶的人之上，就能使邪恶的人改正过来’，这是什么意思？”

子夏说道：“这话含义多么丰富啊！舜有了天下，从众人中选拔，把皋陶举了出来，不仁的人就存在不下去了。汤有了天下，从众人中选拔，把伊尹举了出来，不仁的人就存在不下去了。”

古语智慧

仁者爱人，智者知人。仁爱者人恒爱之；知人者智，自知者明。仁者以博大的胸怀德化万民；智者用独到的眼光、谦恭的心怀荐贤举能，选拔济之才。无论是仁，还是智，都应该是我们人生追求的目标。

人物链接

伊尹：名挚。商代开过君主成汤之相。

二十三

子贡问友。子曰：“忠告而善道之，不可则止，毋自辱焉。”

古语译读

子贡向孔子问交友的原则。孔子说：“忠心地劝告他，好好地引导他，他不听就算了，不要再自讨侮辱。”

古语智慧

作为朋友，衷心的劝告和善意的引导是必要的。如果朋友不领你的情，也没必要责怪他，但一定不能一味地强人所难，将自己的意志强加于人。凡事都有个限度，朋友之情，同窗之谊，取决于心照不宣的理解，取决于坦荡真挚的情怀。

二十四

曾子曰：“君子以文会友，以友辅仁。”

古语译读

曾子说："君子用文章学问来交朋友，用朋友来帮助自己提高仁德。"

古语智慧

通常生活中的交往有无数种：权色之交、贸易之交、酒肉之交、邻里之交……而唯独"君子之交淡如水"，君子之交互相敬重，相互支持，无论贵贱贫富，无论困顿通达，只在乎对方的人格与"文"品。君子可以用文章搭建起心灵沟通的桥梁，互相学习，相互切磋，潜移默化地培养仁德的品质。

子路篇

正身劳事，德行天下

《子路篇》涉及的内容比较广泛，其中有关于如何治理国家的政治主张，也有孔子的教育思想以及对个人的道德修养与品格完善的见解。

正人者，必先正其身，己正才能正人。用人格的魅力打动别人，用勤勉的作风办理政务，率先垂范，用仁德的力量为民谋福祉。

名者如旗帜，能聚合人心，统一步调，使所图之事一举成功。名正则理直，理直则言顺，言顺则人心臣服，人心臣服者必将众心归一，政事和畅，家事和顺。这种仁德的力量惠泽于内，而传之于天下。

一

子路问政。子曰："先之劳之。"请益。曰："无倦。"

古语译读

子路问为政之道。孔子说："身先百姓，勉励他们耕作。"子路请孔子讲一点。孔子便说："这样做永不懈怠。"

古语智慧

孔子在这段话里阐述了两个观念，一是"先"，二是"劳"。所谓"先"就是作为领导者，一切要为人之先。所谓"劳"，也是领导处事的原则，其中包括了勤劳、劳动、运动等许多意义。正所谓"君子劳心，小人劳力。"人在辛劳困苦的时候，对人生的体会较多，良善的心性容易发挥出来。在个人修养中，一个领导者应该在有困难时自己先来，有劳苦的事自己先做，这样一方面可以成为手下人的表率，另一方面也有利于管理权威的树立。

二

仲弓为季氏宰，问政。子曰："先有司，赦小过，举贤才。"

曰："焉知贤才而举之？"子曰："举尔所知；尔所不知，人其舍诸？"

古语译读

仲弓做了季氏的家臣，问怎样管理政事。孔子说："先责成手下负责具体事务的官吏，让他们各负其责，赦免他们的小过错，选拔贤才来任职。"

仲弓又问："怎样知道是贤才而把他们选拔出来呢？"孔子说："选拔你所知道的，至于你不知道的贤才，别人难道还会埋没他们吗？"

古语智慧

作为一名合格、成功的领导，应该做到以下三点：一，要对下属实行责任制，各有分工，各负其责；二，不要过于计较下属的过错，该原谅的原谅，该庇护的庇护，求全责备会失去人心和人才；三，要举用贤德之人。

另外，在选拔人才的时候最好选拔自己了解的，如果是自己不了解的，应该多向别人问问。总之，不可求细枝末节，应该不拘一格选贤任良，并在实践中挖掘并发挥其长处，在日常工作中熏陶其成长、成才。

三

子路曰："卫君待子而为政，子将奚先？"

子曰："必也正名乎！"

子路曰："有是哉，子之迂也！奚其正？"

子曰："野哉，由也！君子于其所不知，盖阙如也。名不正，则言不顺；言不顺，则事不成；事不成，则礼乐不兴；礼乐不兴，则刑罚不中；刑罚不中，则民无所错手足。故君子名之必可言也，言之必可行也。君子于其言，无所苟而已矣。"

古语译读

子路对孔子说："卫君等着您去治理国政，您准备首先干什么？"

孔子道："那一定是纠正名分上的用词不当罢！"

子路道："您的迂腐竟到如此地步吗？这又何必纠正？"

孔子道："你怎么这样鲁莽！君子对于他所不懂的，大概采取保留态度，（你怎么能乱说呢？）用词不当，言语就不能顺理成章；言语不顺理成章，工作就不可能搞好；工作搞不好，国家的礼乐制度也就举办不起来；礼乐制度举办不起来，刑罚也就不会得当；刑罚不得当，百姓就会（惶惶不安）连手脚都不知道摆在哪里才好。所以君子用一个词，一定（有它一定的理由）可以说得出来；而顺理成章的话也一定行得通。君子对于措辞说话要没有一点马虎的地方才罢了。"

古语智慧

在人生的各个阶段，我们都要找到属于自己的恰当的定位，这样才会合理地发展自己，才会有所成就。当我们思路处于混乱的时候，首先就要"正名"，名分确定了，其他事情自然就迎刃而解了。

四

樊迟请学稼。子曰："吾不如老农。"请学为圃。曰："吾不如老圃。"

樊迟出。子曰："小人哉，樊须也！上好礼，则民莫敢不敬；上好义，则民莫敢不服；上好信，则民莫敢不用情。夫如是，则四方之民襁负其子而至矣，焉用稼？"

古语译读

樊迟请求学种庄稼。孔子道："我不如老农民。"又请求学种菜蔬。孔子道："我不如老菜农。"

樊迟退了出来。孔子道："樊迟真是小人！统治者讲究礼节，百姓就没有人敢不尊敬；统治者行为正当，百姓就没有人敢不服从；统治者诚恳信实，百姓就没有人敢不说真话。做到这样，四方的百姓都会背负着小儿女来投奔，为什么要自己种庄稼呢？”

古语智慧

在这里，孔子很不客气地指责了想学种庄稼和种菜的樊迟。如果按今天的眼光来看，孔子这种轻视劳动人物的观点显然是不正确的。但是，我们也不应该因此而指责他，因为这在当时的历史条件下有其相对的合理性。在那个时代，能够接受教育的是极少数人，而孔子培养他们，是为了让他们从政为官，而不是去从事农业生产。

五

子曰：“诵《诗》三百，授之以政，不达；使于四方，不能专对；虽多，亦奚以为？”

古语译读

孔子说：“熟读《诗经》三百篇，交给他以政治任务，却办不通；叫他出使外国，又不能独立地去谈判酬酢；纵是读得多，有什么用处呢？”

古语智慧

无论是在学习中还是工作中，死记硬背，不会融会贯通，终究是不会有所成就的。

一六

子曰："其身正，不令而行；其身不正，虽令不从。"

古语译读

孔子说："在上位者只要自己行为端正，不用发布命令，事情也行得通；他自己行为不端正，即使发布命令，百姓也不会信从。"

古语智慧

孔子的这番话同样是说给管理者的。作为一名管理者，如果自身端正，做出表率时，不用下命令，手下的人都会跟着行动起来；相反，如果管理者自身不端正，而要求手下人端正，那么，纵然三令五申，手下人也不会服从的。这就是榜样力量。

对于身处高位的人来说，这不仅仅是管理艺术的体现，同时也是自身提升修养的绝佳机会。

一七

子曰："鲁卫之政，兄弟也。"

古语译读

孔子说："鲁国的政治和卫国的政治，像兄弟一般（两地相差不远）。"

古语智慧

鲁国是周公旦的封地，卫国是康叔的封地，周公旦和康叔是兄弟，当时两国的政治情况有些相似：鲁国是君不君、臣不臣，卫国是父不父、子不子。孔子痛心疾首的同时，却也不好大张旗鼓地予以批评，毕竟鲁国是他的故国，卫国是他的第二故乡，所以他只能用这句话来讽刺两国的执政者。

虽然说在这件事情上，孔子没有像以往一样义正严辞地去指责不合礼法的人或事，但这也从另一个侧面反映出他故念旧主的情怀，毕竟这种情怀也是值得称道的。对比今天一些为了获得利益什么都可以出卖的人，孔子偏袒旧主的做法不知要高尚多少倍。

八

子谓卫公子荆："善居室。始有，曰：'苟合矣。'少有，曰：'苟完矣。'富有，曰：'苟美矣'。"

古语译读

孔子提到卫国的公孙荆，说："他善于居家度日，刚有了点财产，他就说：'差不多够了。'再稍多一点，他就说：'差不多完备了。'真正有很多财产了，他就说：'差不多完美了。'"

古语智慧

始有、少有、富有，体现了一种追求生活、改善生活递进的过程。生活不单单是要在物质上满足，更重要的是精神能够知足。富足的生活是一种心底对生活知足快乐的满足，而富裕只是单纯地追求一种物质上的满足。沉迷、贪求就会不知节制，劳神劳力，反而成为生活的俘虏；豁达、理智就能享受生活改善所带来的快乐，这是一种生活的态度，更是一种生活追求的境界。

人物链接

公子荆：卫国世家公子，名叫荆。其生活的态度是知足随和，超脱豁达。

九

子适卫，冉有仆。子曰："庶矣哉。"

冉有曰："既庶矣，又何加焉？"曰："富之。"

曰："既富矣，又何加焉？"曰："教之。"

古语译读

孔子到卫国去，冉有驾车。孔子说："卫国人口好多啊！"

冉有说："人口多了以后，又该怎么办呢？"孔子说："让他们富起来。"

冉有说："已经富了，又该怎么办呢？"孔子说："教育他们。"

古语智慧

国家兴衰在于民，民富则国强，民乐则国昌。孔子在这里提出了一种"先富后教"的治国思想。引申到今时今日，这一道理说的就是，要不断发展经济，提高人们的生活水平，让物质文明和精神文明取得双丰收，这样我们的国家才能成为真正的礼仪之邦，强盛之邦。

十

子曰："苟有用我者，期月而已可也，三年有成。"

古语译读

孔子说："假如有人用我治理国政，有一年时间就可以推行我的政教，有三年时间就可以见成效。"

古语智慧

这句话透露出孔子的两种品质，一为自信，二为不盲目。现实生活中，我们想要成就一番事业，无论大或小总是需要时间的。"三年"，给我们一个时间段，让我们对许多事的规划、考量有了标准，变得可操作起来了，这对于实现既定的目标是十分有帮助的。

十一

子曰："'善人为邦百年，亦可以胜残去杀矣。'诚哉是言也。"

古语译读

孔子说："'连续一百年由善人治国，也就可以克服残暴，免除杀戮了。'这话说得确实对啊！"

古语智慧

培养理想的社会政治风气，需要一个长期的过程，以及艰辛的努力和孕育，要将这种风气强化为一种国民文化的底蕴，更非朝夕之功。

十二

子曰："如有王者，必世而后仁。"

古语译读

孔子说："假若有王者兴起，一定需要三十年才能使仁政大行。"

古语智慧

任何新事物从出现到壮大，都要遵循一定的时间规律和发展规律，绝不是一蹴而就能行的。所以，无论是学习还是工作，切忌急功近利，应该脚踏实地，一步一步地前进。

十三

子曰："苟正其身矣，于从政乎何有？不能正其身，如正人何？"

古语译读

孔子说："只要自己行为端正了，对于治理政事还有什么困难？假如自己行为不能端正，又怎能使别人端正呢？"

古语智慧

当政者应首当其冲，以身作则。要求百姓去做的事情，颁布的政令，当政者首先自己要率先垂范，清楚它的内涵，把握旨要，然后再让百姓去做。如果连自己都一知半觉，那岂不是成为"葫芦僧"了吗？

今天的领导干部也要如此以身作则，这样才能达到上行下效的目的，才能为打造和谐社会贡献力量。

十四

冉子退朝。子曰："何晏也？"对曰："有政。"子曰："其事也。

如有政，虽不吾以，吾其与闻之。”

古语译读

冉有从办公的地方回来。孔子道：“为什么今天回得这样晚呢？”答道：“有政务。”孔子道：“那只是事务罢了。若是有政务，虽然不用我了，我也会知道的。”

古语智慧

在这段话中，孔子是在提醒冉有，不能政、事不分。所谓政，才是治国理政的重点，而事则只是一般性的事务。由此引申出一个道理，即在工作中，每个人都要分清轻重缓急，要紧的工作一定要首先处理，其他的工作次之。只有这样，才能让工作更有效率。

十五

定公问：“一言而可以兴邦，有诸？”

孔子对曰：“言不可以若是其几也。人之言曰：‘为君难，为臣不易。’如知为君之难也，不几乎一言而兴邦乎？”

曰：“一言而丧邦，有诸？”

孔子对曰：“言不可以若是其几也。人之言曰：‘予无乐乎为君，唯其言而莫予违也。’如其善而莫之违也，不亦善乎？如不善而莫之违也，不几乎一言而丧邦乎？”

古语译读

鲁定公问孔子说：“一句话可以使国家兴盛，有这样的事吗？”

孔子回答说：“话不可能有这样绝对的。不过，人们常说：‘做君难，做臣也不容易。’假如知道做君的艰难（而努力去干），岂不近于一句话而使国家兴盛吗？”

定公又问：“一句话可以使国家灭亡，有这样的事吗？”

孔子回答说：“话不可能有这样绝对的。不过，人们常说：‘我对做国君不觉得有什么快乐，只是我说什么都没人敢违抗我。’假如说的对而没有人违抗，不也很好吗？假如说的不对而没有人违抗，岂不近于一句话而使国家灭亡吗？”

古语智慧

在回答君主关乎于“兴邦”、“丧邦”此等极其严肃的问题上，孔子以足够慎重的态度，旁敲侧击而不是直抒胸臆地以一句反问做答。在他看来所谓的“一言”，大概是根本不存在的。然而国势兴衰是一个渐进的过程，也许一件看似不起眼的细微之事，也会导致历史进程的转折，因而，当政者，尤其是古代帝王的一言一行，也许一个念头都关乎着黎民百姓，江山社稷。

十六

叶公问政。子曰：“近者说，远者来。”

古语译读

叶公问为政之道。孔子说：“使境内的人高兴，使境外的人归附。”

古语智慧

君子怀德，以高尚的品质感化他人，让近者悦服，远者归附。对于领导来说，周围凝聚了一批仁人志士，仁德之名扬于外，其他地方的人慕名投效，这就是一种成功。而孔子千年前的这句话在后世又多引申用于外交场合，所表达的就是能够与近邦和睦安宁，与远方的国家友好往来。

十七

子夏为莒父宰，问政。子曰："无欲速，无见小利。欲速，则不达，见小利，则大事不成。"

古语译读

子夏担任莒父的邑宰，向孔子问如何治理政事。孔子说："不可求速成，不可只顾小利。求速成，就达不到目标；只顾小利，就办不成大事。"

古语智慧

凡事都要经过长时间的努力，才会取得一定的成果，如果一心只想着成功，而不去思考，妄想着走捷径，最终将不会有好的成果。正如给一个病人服药，几次的药量不能一次服用；也正如经济社会的发展，不能只图小利，而放弃可持续发展的战略，放弃以仁为本，构建和谐社会的初衷。

十八

叶公语孔子曰："吾党有直躬者，其父攘羊，而子证之。"孔子曰："吾党之直者异于是；父为子隐，子为父隐。——直在其中矣。"

古语译读

叶公告诉孔子道："我那里有个坦白直率的人，他父亲偷了羊，他便告发。"孔子道："我们那里坦白直率的人和你们的不同：父亲替儿子隐瞒，儿子替父亲隐瞒——直率就在这里面。"

古语智慧

做一个坦白直率的人，这是一个从小老师一直在教我们的做人的道理。可是，等我们长大进入社会之后，就慢慢会发觉，有时候，过于直率却很容易在人际交往中遭受挫折。许多刚参加工作的年轻人尤其对这一点很有感触。

现实生活中，很多人都曾因过于直率而得罪别人。无论是直率还是腼腆，这些稍有些极端的性格都不适合正常的交往。当然，我们无意去指责谁的性格，只是想告诉大家，应该根据你的工作环境和实际要求，适当地对自己的性格加以节制，为了工作，也为了更好地获取你的发展机会。

十九

樊迟问仁。子曰："居处恭，执事敬，与人忠。虽之夷狄，不可弃也。"

古语译读

樊迟问仁。孔子说："平时生活严肃庄重，处理事情严肃认真，与人交往真心诚意。这几种品德，即使到外族国家，也是不能丢弃的。"

古语智慧

“仁”贯穿于孔子思想体系的始终。“恭，敬，忠”是仁德的基本内涵，就是在家能孝悌父兄，恭敬有礼；办事严肃谨慎，敬事于人；待人忠厚朴实，诚实守信。从各个方面显示仁德的本色。

二十

子贡问曰：“何如斯可谓之士矣？”子曰：“行已有耻，使于四方，不辱君命，可谓士矣。”

曰：“敢问其次。”曰：“宗族称孝焉，乡党称弟焉。”

曰：“敢问其次。”曰：“言必信，行必果，硁（kēng）硁然小人哉！——抑亦可以为次矣。”

曰：“今之从政者何如？”子曰：“噫！斗筲之人，何足算也？”

古语译读

子贡问道：“怎样才可以叫作‘士’？”孔子道：“自己行为保持羞耻之心，出使外国，很好地完成君主的使命，可以叫作‘士’了。”

子贡道：“请问次一等的。”孔子道：“宗族称赞他孝顺父母，乡里称赞他恭敬尊长。”

子贡又道：“请问再次一等的。”孔子道：“言语一定信实，行为一定坚决，这是不问是非黑白只管自己贯彻言行的小人呀！但也可以说是再次一等的‘士’了。”

子贡道：“现在的执政诸公怎么样？”孔子道：“咳！这班器识狭小的人算得什么？”

古语智慧

斗筲之人，斗，古代量器名；筲，古代饭筐，“斗筲”，就是饭筐的意思。孔子在这段话里用“斗筲之人”形容当时的执政者，《论语》研究者普遍认为，此处的“斗筲之人”是指其气量与见识狭小。但是，林语堂先生在《论孔子的幽默》一文中却有另外一种见解：“‘斗筲’是盛米器，就是说‘那些饭桶算什么！’”从文意上说，把“斗筲之人”理解为“饭桶”，比理解为“气量见识狭小”，似乎更加符合上文语境。

其实，与其说孔子在骂人，不如说孔子在叙述事实。时至今日，在我们的干部队伍中，能力不足的“饭桶”也普遍存在，这一点应该成为我们当政者和全社会共同关注的事情。

二十一

子曰：“不得中行而与之，必也狂狷乎！狂者进取，狷者有所不为也。”

古语译读

孔子说：“找不到行为真正合乎中庸之道的人和他交朋友，就一定要交结狂士和狷士。狂士勇于进取，狷士不会做坏事。”

古语智慧

所谓中庸，是人格修养的一种境界，是一种做事、做人保持中正，不偏不倚，无过犹不及的一种修为。狂狷之士，不与世俗同流合污，常常是中流砥柱之人。狂者，敢于进取，有所为而为之，他们有勇气，有胆识，能把握分寸，能把事做得恰如其分。狷者是有所为而有所不为的人，至少不该做的事情不去做。

生活中，我们如果能以这三种标准去结交朋友，必有受益。

二十二

子曰："南人有言曰：'人而无恒，不可以作巫医。'善夫！""不恒其德，或承之羞。"子曰："不占而已矣。"

古语译读

孔子说："南方人有句话说：'人假若没有恒心，连巫医都做不了了。'这句话很好呀！"

《易经·恒卦》的《爻辞》说："三心二意，翻云覆雨，总有人招致羞耻。"孔子又说："这话的意思是叫无恒心的人不必去占卦罢了。"

古语智慧

人要取得成功，持之以恒的精神必不可少。尤其是求道，求道的过程，是向善的过程，也是和自己内在的恶性作斗争的过程。如果没有持之以恒的学习行动，何谈取得成果？引申到学业和事业上，道理相同。

二十三

子曰："君子和而不同，小人同而不和。"

古语译读

孔子说："君子通过发表不同意见来与人交流，以达到统一，却不苟同；小人只是苟同，却不肯发表自己的意见。"

古语智慧

君子之间，心手相印，和谐却有各自不同的见解，他们总能与周围的人保持融洽的关系，凡事都会仔细斟酌、独立思考，绝不会人云亦云；小人之间，唯利是从，见利忘义，他们有着共同的利益追求，却不能保持和谐的关系，融洽的相处。

所以，我们不仅要争取做一个君子，而且在人际交往中也要“亲君子，远小人。”

二十四

子贡问曰：“乡人皆好之，何如？”子曰：“未可也。”

“乡人皆恶之，何如？”子曰：“未可也；不如乡人之善者好之，其不善者恶之。”

古语译读

子贡问道：“满乡村的人都喜欢他，这个人怎么样？”孔子道：“还不行。”

子贡又道：“满乡村的人都厌恶他，这个人怎么样？”孔子道：“还不行。最好是满乡村的好人都喜欢他，满乡村的坏人都厌恶他。”

古语智慧

孔子认为，判断一个人的德行应该“不以众人的好恶为依据，而以善恶为标准”。也就是说，民众都喜欢的人并不一定真的有才德，民众都讨厌的人也并不一定一无是处。我们今天在任用人才、考察干部的时候，广泛听取群众的意见必不可少，但也一定要有一套合理的是非标准，切不可简单盲目地从众。

二十五

子曰：“君子易事而难说也。说之不以道，不说也；及其使人也，器之。小人难事而易说也。说之虽不以道，说也；及其使人也，求备焉。”

古语译读

孔子说：“君子，容易给他办事，却难以讨他喜欢。不用正当的方式去讨他喜欢，他是不会喜欢的。但等到他使用人才的时候，他会根据各人的才能去安排。小人，难以给他办事，却容易讨他喜欢。用不正当的方式去讨他喜欢，他会喜欢的，但等到他使用人才的时候，他对人却求全责备，百般为难。”

古语智慧

相同位置的两个领导，一个如君子般立身行事，光明磊落，就事论事，凡事以道义为准则；而另一个则常常心怀鬼胎，斤斤计较，以事论利。他们中哪一个会得到手下人的爱戴和忠心呢？答案应该很明了吧。身居高位者，当引以为戒。

二十六

子曰：“君子泰而不骄，小人骄而不泰。”

古语译读

孔子说：“君子安祥而不傲慢，小人傲慢而不安祥。”

古语智慧

一个人，若能气定神闲，有勇有谋，自然就会泰然自若而不会骄矜；若处处张扬，虚浮骄躁，就无法安享生活的乐趣，更无法很好地掌控自己的命运。

二十七

子曰："刚、毅、木、讷近仁。"

古语译读

孔子说："刚强、果敢、质朴、口讷，近于仁德。"

古语智慧

刚就是意志坚强，不屈不挠，为了理想而坚定不移地去奋斗；毅是果敢，认定的事情能够三下五除二干净利落地去实行；木是质朴，内心质朴无华，忠厚老实；讷就是敏于事而慎于言。

现实生活中，虽然我们不一定能够达到古时先贤君子的高度，但至少要以这些标准去要求自己。

二十八

子路问曰："何如斯可谓之士矣？"子曰："切切偲（sī）偲，怡怡如也，可谓士矣。朋友切切偲偲，兄弟怡怡。"

古语译读

子路问道："怎么样才可以叫作'士'呢？"孔子道："互相督促

勉励，和睦相处，可以叫作‘士’了。朋友之间，互相督促勉励；兄弟之间，和睦相处。”

古语智慧

现实生活中我们交朋友，如果对方总是在夸奖你，对你所有的意见都点头称是，这样的朋友是真朋友吗？这样的人或许是对你有所求，或许是想看你的笑话。所以说，真正的朋友应头该是会对你实话实说的，即便说的东西你都不爱听，但他也会说。这一点，可以成为我们交朋友时的“试金石”。

二十九

子曰：“善人教民七年，亦可以即戎矣。”

古语译读

孔子说：“善人在位，教民七年之久，也可使他们上战场了。”

古语智慧

虽然孔子提倡以礼治天下，但是同时他也知道，仅用道德、文化是无法一统天下的，必要的武装斗争有时也是必须的。但是孔子希望所行的战争，一定是正义的战争。所以，他希望在军队建立之前，要先教化民，使其成为兵，这样一旦发生战争，也是以仁义之师迎战不义残暴之师，正所谓，名正言顺，必然无往而不利。

今天的我们，当然不希望有战争，我们最大的心愿是世界和平。

三十

子曰："以不教民战，是谓弃之。"

古语译读

孔子道："用未经受过训练的人民去作战，这等于糟蹋生命。"

古语智慧

一句话，体现了孔子爱民恤民的高尚情怀。人民是构建社会的基础，人民是国家发展的基础，无论任何一个时代，如果执政者不能让人民的利益高于一切，那么国家就不会得到发展和壮大。

宪问篇

尚德安邦，修身守志

《宪问篇》主要讲述了君子所必须具备的某些品德，孔子对当时社会上的各种现象所发表的评论以及孔子提出的『见利思义』的义利观等。

我们立足社会，当做一个有思想内涵的人，做一个品德高尚的人，做一个有志向的人，且不可只做『士而怀居』者。一个人行立于世，要怀抱理想，坚定信念，修身养德，以仁德安身。君子求德，小人逐利，生命的辉煌就在于自强不息，忧国忧民，乐于奉献。食其禄而安其邦，食其禄而惠其民。只食其禄而庸庸无为者是最可耻的。

一

宪问耻。子曰："邦有道，谷；邦无道，谷，耻也。"

"克、伐、怨、欲不行焉，可以为仁矣？"子曰："可以为难矣，仁则吾不知也。"

古语译读

原宪问应怎样看待耻辱。孔子说："国家政治清明，可以出去做官领俸禄。国家政治黑暗，也去做官领俸禄，这就是耻辱。"原宪又问："假如好生、自矜、怨恨、贪欲四种毛病都没有犯过，可以算做仁人了吗？"孔子说："这可以叫作难得了，是否叫作仁人我可不敢说。"

古语智慧

当今社会，靠拉关系，走后门，投机倒把，享受优厚的待遇，做太平官，整日昏昏欲睡而无所作为，就是可耻；在国家危急关头，不能献言献策，却打击和排挤有为者，更有甚者占据一定的位置，厚颜无耻地索取国家财富，发国难财者，更为可耻。

人物链接

原宪：即原思。字子宪，又字子思，鲁国人。一生安贫乐道，不愿随世俗之流。孔门七十二贤之一。

二

子曰："士而怀居，不足以为士矣。"

古语译读

孔子说："读书人假如只留恋安逸的生活，便不配做一个读书人了。"

古语智慧

有志之士，潜心学业，知书达理，目光长远，有远大的志向和抱负，出仕能尽忠职守，报效国家，为民谋福利。

毛泽东主席年轻时曾改西乡隆盛诗赠父亲："孩儿立志出乡关，学不成名誓不还。埋骨何须桑梓地，人生无处不青山！"年轻时的毛泽东，便是以士的标准来要求自己的，欲以己身之力，自觉担负士之重任，用人类的大道来做自己的担负，如此任重道远，唯有不思埋骨桑梓，走出韶关，处处青山，才开创了新中国大业。

三

子曰："邦有道，危言危行；邦无道，危行言孙。"

古语译读

孔子说："国家政治清明，言语行为都可严正；国家政治黑暗，行为可以严正，言语则要谦逊。"

古语智慧

当国家政治清明的时候，直言上表，仗义执言，中道直行；当国家政治腐败黑暗的时候，就要注意说话的方式方法，谨言慎行，因为奸佞当道，无孔不入。只有这样，才可以避免祸端。

这是孔子教育学生的从政之道，在当时的社会背景下无可厚非。

但是，在当今社会如果仍然有人延用此法来为官，不求为民而思虑劳碌，只求为坐稳位置而殚精竭虑，那就应该受到遣责了。

一四

子曰："有德者必有言，有言者不必有德。仁者必有勇，勇者不必有仁。"

古语译读

孔子说："有道德的人必是有好言辞，有好言辞的人不一定有道德。有仁德的人必定勇敢，勇敢的人不一定有仁德。"

古语智慧

仁源于德，有德者必能为义而勇，无用则无法成事，也便无法成仁，所以仁者必有勇。但若是勇者不能与德相符合，则是毫无意义的匹夫之勇，虽赴汤蹈火也不能成仁。

在孔子的道德哲学观中，勇敢只是仁德的一个方面，人除了应具备勇以外，还要修养其他各种道德，这样才能达到有仁德的境界。

一五

南宫适问于孔子曰："羿善射，奡（ào）荡舟，俱不得其死然。禹稷躬稼而有天下。"夫子不答。

南宫适出，子曰："君子哉若人！尚德哉若人！"

古语译读

南宫适向孔子问道：“羿擅长射箭，奡擅长水战，都没有得到好死。禹和稷自己下地种田，却得到了天下。（怎样解释这些历史？）”孔子没有答复。

南宫适退了出来。孔子道：“这个人，好一个君子！这个人，多么尊尚道德！”

古语智慧

南宫适认为禹、稷以德而有天下，羿、奡以力而不得其终。孔子就说他很有道德，是个君子。在《论语》中，孔子多次称颂尧、舜、禹、稷高尚的个人品德和德政，孔子反对的不是文明的进步，而是道德的退化。社会在发展道德也应同时提高 只有国家经济与国民素质同时向前才能证明社会文明在进步。

六

子曰：“君子而不仁者有矣夫，未有小人而仁者也。”

古语译读

孔子说：“身为君子而不仁的人应该是有的，但从没有小人是有仁德的。”

古语智慧

仁德所成，非朝夕之功。仁虽难成，但肯学则能成。为自己的人生拟订一个计划，并能脚踏实地地为了最终的那个目标奋勇向前，认清什么事是可以做的，什么事是不可以做的，认真做事，不虚耗，不停滞。把持自我的内心，不放弃做人的原则，这样就可以达到仁的境界了。其实，仁与不仁有时候就在转念之间，一念之差也许就是天壤之别。

七

子曰："爱之，能勿劳乎？忠焉，能勿诲乎？"

古语译读

孔子说："真要爱他，能不叫他吃点苦吗？真要忠于他，能不教诲他吗？"

古语智慧

父母对子女的爱是天下最真挚的情感，但蔽于私心不分青红皂白的爱，就是一种溺爱，这种爱无益于子女的成长。真正的爱，是放开手，劳其筋骨，让他生活中经历困苦，磨砺其心志，锻炼其体魄，这样才真正有益于他们的成长、成才。

八

子曰："为命，裨谌草创之，世叔讨论之，行人子羽修饰之，东里子产润色之。"

古语译读

孔子说："郑国外交辞令的创制，裨谌拟稿，世叔提意见，外交官子羽修改，子产做文词上的加工。"

古语智慧

好文章都是改出来的，三个臭皮匠赛过诸葛亮。孔子强调，文章在言辞准确、通顺、简要的同时，也要注意言辞的修饰和润色，使之优美，具有艺术性，文辞浅显，更耐看、动听。如此，感染力才会增强，传播效果也会得以提高。许多事都是这个道理，只有各展所长，才能共筑精品。

九

或问子产。子曰："惠人也。"

问子西。曰："彼哉！彼哉！"

问管仲。曰："人也。夺伯氏骈（pián）邑三百，饭疏食，没齿无怨言。"

古语译读

有人向孔子问子产是怎样的人物。孔子道："是宽厚慈惠的人。"

又问到子西。孔子道："他呀，他呀！"

又问到管仲。孔子道："他是人才。剥夺了伯氏骈邑三百户的采地，使伯氏只能吃粗粮，到死都没有怨恨的话。"

古语智慧

这三人都是对社会有过重大影响的贤士。孔子在此说出了他们最突出的特点。孔子说："管仲是个有才干的人，他把伯氏骈邑的三百家夺走，使伯氏终生吃粗茶淡饭，却直到老死也没有怨言。"可见管仲善于因时因事抓住对方心理，让对方心服口服。

十

子曰："贫而无怨难，富而无骄易。"

古语译读

孔子说："贫苦而没有怨恨是很难做到的，富贵而不傲慢倒容易做到一些。"

古语智慧

在这个物欲横流的时代，物质的贫穷是一块可耻的烙印，让贫者无处藏身，让贫者无法抬头，被人歧视，受人欺凌。于是，为了赚钱有的人开始昧着良心做生意，为了金钱而沦丧人格。这种世俗的欲求，让很多人迷失了心灵，不再为了学问而忍受寂寞，不再为了理想而通宵达旦，这不能不说是社会的一种悲哀！

十一

子曰："孟公绰为赵魏老则优，不可以为滕，薛大夫。"

古语译读

孔子说："孟公绰，若是叫他做晋国诸卿赵氏、魏氏的家臣，那是力有余裕的；却没有才能来做滕、薛这样小国的大夫。"

古语智慧

大国的大夫家臣，与小国的大夫，所办的事情不同，有的人擅长于这些方面，不一定就擅长于另一方面，我们在用人时不能求全责备，必须取其所长，舍其所短。孔子说这个，不仅是给孟公绰一个人指一条就业的明路，他想说的是，国家用人，应当量才而用，把人才放在合适的位置上。孔子评论孟公绰的这两句话，可为用人法则。

十二

子路问成人。子曰：“若臧武仲之知，公绰之不欲，卞庄子之勇，冉求之艺，文之以礼乐，亦可以为成人矣。”曰：“今之成人者何必然？见利思义，见危授命，久要不忘平生之言，亦可以为成人矣。”

古语译读

子路问怎样才是完人。孔子说：“像臧武仲一般的聪明，像孟公绰一般的不贪，像卞庄子一般的勇武，像冉求一般的有才艺，再用礼乐来增加其文采，便可以算作完人了。”接着又说：“现在所谓的完人哪能一定做到这样呢？遇到利益时想想自己该不该得，遇到危险时愿意付出生命，誓约过了很长时间还不忘自己当时说过的诺言，也就可以算作完人了。”

古语智慧

在孔子看来，一个人若拥有智慧，懂得克制，学会勇敢，又多才多艺，能以礼乐陶冶内心，那就可以成为具备完善人格的人了。另外，能够做到在见利、见危和久居贫困的时候，依然牢记诺言，这样做也算是符合于义的完善人格了。

人物链接

臧武仲：臧孙氏，名纥。鲁国大夫。博闻多识，短小多智，号称“圣人”。官司寇。

卞庄子：鲁国汴邑大夫。勇敢，有谋略，是鲁国第一勇士。《卞庄子刺虎》是中国历史上有名的故事。

十三

子问公叔文子于公明贾曰："信乎，夫子不言，不笑，不取乎？"

公明贾对曰："以告者过也。夫子时然后言，人不厌其言；乐然后笑，人不厌其笑；义然后取，人不厌其取。"

子曰："其然？岂其然乎？"

古语译读

孔子向公明贾问起公叔文子，说："他老先生真的不说、不笑、一毫不取吗？"

公明贾回答说："将此话告诉你的人错了。他老先生只在该说话的时候才说话，所以别人不讨厌他说的话；在快乐的时候才笑，所以别人不讨厌他的笑；在该得到的时候才取，所以别人不讨厌他的取。"

孔子说："是这样吗？难道真的是这样吗？"

古语智慧

对于一个人的认识不能只看表面，而要考察其内心，洞察其动机。不沽名钓誉，不窃取虚名，只有在该舍的时候放弃，该得的地方获取，人格坦荡，品行正直，这才是一个君子高尚人格之所为。

人物链接

公叔文子：即卫国大夫公孙拔。谥号"文子"。

公明贾：姓公明，名贾。为国人。

十四

子曰："臧武仲以防求为后于鲁，虽曰不要君，吾不信也。"

古语译读

孔子说："臧武仲（逃到齐国之前，）凭借着他的采邑防城请求立其子弟嗣为鲁国卿大夫，纵然有人说他不是要挟，我是不相信的。"

古语智慧

孔子这里说的是较弱一方凭借着手中的权力要挟较强的一方，孔子大为不耻。在我们的生活中也有较强的一方为了自己的官与名要求手无缚鸡之力的百姓，致使百姓无路可走而选择极端的方法反抗，这也是一种令人不耻的行为。

十五

子曰："晋文公谲而不正，齐桓公正而不谲。"

古语译读

孔子说："晋文公狡诈而不正直，齐桓公正直而不狡诈。"

古语智慧

晋文公和齐桓公都是春秋时代著名的政治家，为什么孔子对他们的评价截然相反呢？这是因为孔子主张的是"礼乐征伐自天子出"，也就是说，对一切违礼行为他都会加以指责。晋文公称霸后召见周天子，在孔子看来，这是极大地违背了礼制，是不可接受的，所以他说晋文公诡诈。而齐桓公则打着"尊王"的旗号称霸，孔子认为他的做法符合于礼的规定，所以说他正直。

或许有人认为孔子以这种标准去评价一个人有些不妥，但对于以“礼”为衡量世事标准的孔子来说，这种标准是合乎道义的。我们在这里要评论的不是孔子对晋文公和齐桓公的评价是否公正，我们要褒扬的是，他这种坚持自己的信念和道义的精神。

人物链接

晋文公：名重耳。晋献公之子。春秋五霸之一。

齐桓公：名小白。春秋五霸之首。

十六

子路曰：“桓公杀公子纠，召忽死之，管仲不死。”曰：“未仁乎？”子曰：“桓公九合诸侯，不以兵车，管仲之力也。如其仁，如其仁。”

古语译读

子路道：“齐桓公杀了他兄长公子纠，（公子纠的师傅）召忽因此自杀，（但是他的另一个师傅）管仲却活着。”接着又道：“管仲该不是有仁德的吧？”孔子道：“齐桓公多次地主持诸侯间的盟会，停止了战争，都是管仲的力量。这就是管仲的仁德，这就是管仲的仁德。”

古语智慧

我们看一个人不能仅凭一时一事去断定，而是要全面，管仲小事虽不忠，但大事上却不乏仁德，管仲帮助齐桓公召集诸侯会盟，不依靠武力，依靠的是仁德的力量，值得称赞。在任何团体中，作为领导任何时候都不要因一件小事而抹杀一个人的全部功劳。

十七

子贡曰："管仲非仁者与？桓公杀公子纠，不能死，又相之。"子曰："管仲相桓公，霸诸侯，一匡天下，民到于今受其赐。微管仲，吾其被发左衽（rèn）矣。岂若匹夫匹妇之为谅也，自经于沟渎（dú）而莫之知也？"

古语译读

子贡道："管仲不是仁人罢？桓公杀掉了公子纠，他不但不以身殉难，还去辅佐桓公。"孔子道："管仲辅佐桓公，称霸诸侯，使天下一切得到匡正，人民到今天还受到他的好处。假若没有管仲，我们都会披散着头发，衣襟向左边开，（沦为落后民族）了。他难道要像普通老百姓一样守着小节小信，在山沟中自杀，还没有人知道的吗？"

古语智慧

子贡与子路有同样的疑问，都怀疑管仲的仁德。而孔子对管仲的认识则是从大处着眼，而不是拘泥于小事。孔子也曾在别的章节中说到管仲的不是之处。但总的来说，他肯定了管仲有仁德，根本原因就在于管仲"尊王攘夷"，反对使用暴力，而且阻止了齐鲁之地被"夷化"的可能。可见，判断事物的性质，着眼处不同就会有不同的结论。

十八

公叔文子之臣大夫僎与文子同升诸公。子闻之，曰："可以为'文'矣。"

古语译读

公叔文子的家臣大夫僎，（由于文子的推荐）和文子一道做了国家的大臣。孔子知道这件事，便道："这便可以谥为'文'了。"

古语智慧

公叔文子举荐自己的家臣做官，其气度、仁德与雅量，深受孔子赞誉。人际交往是气度的最佳表现范围。在与别人沟通的同时，气度往往在最短的时间内能让别人对你臣服或者藐视。一个人的气度和他的心理承受力相辅相成，有些人习惯听好话，每当别人在他面前说好话的时候，心里面总是很舒服。反之，就会很不开心。这样的人就是没有气度的，在人际交往中最终将会被孤立。

十九

子言卫灵公之无道也，康子曰："夫如是，奚而不丧？"孔子曰："仲叔圉（yǔ）治宾客，祝鮀治宗庙，王孙贾治军旅。夫如是，奚其丧？"

古语译读

孔子讲到卫灵公的昏乱，康子道："既然这样，为什么不败亡？"孔子道："他有仲叔圉接待宾客，祝鮀管理祭祀，王孙贾统率军队，像这样，怎么会败亡？"

古语智慧

对一个管理者而言，在做管理时务必做到人尽其才，把有才能的人安排到恰当的工作岗位上，让其才能发挥得淋漓尽致。在企业中，人作为最重要的一种资源，起到至关重要的作用。把握好人、用好人，企业就能得到长足的发展，否则，轻者会使企业发展受阻，严重的会使企业分崩离析。

二十

子曰："其言之不怍，则为之也难。"

古语译读

孔子说："说起来大言不惭，那他做起来就难了。"

古语智慧

现实生活中有很多大言不惭的人，他们只会信口开河，夸夸其谈，很少会兑现自己的承诺。刚开始时，他们看似良好的口才或许会蒙骗一些人，但时间一长，当人们了解了他们的品性之后，便一定会加以唾弃。因此，我们要做一个谨言慎行的人，注重修养内敛的智慧，用实际行动证明自我，这样才能得到别人的认可，也才能在这个社会中找到真正的立足之地。

二十一

陈成子弑简公。孔子沐浴而朝，告于哀公曰："陈恒弑其君，请讨之。"公曰："告夫三子！"

孔子曰："以吾从大夫之后，不敢不告也。君曰'告夫三子'者！"之三子告，不可。孔子曰："以吾从大夫之后，不敢不告也。"

古语译读

陈恒公杀了齐简公。孔子斋戒沐浴而后朝见鲁哀公，报告道："陈恒公杀了他的君主，请你出兵讨伐他。"哀公道："你向季孙、仲孙、孟孙三人去报告吧！"

孔子（退了出来，）道："因为我曾忝为大夫，不敢不来报告，但是君上却对我说，'给那三人报告吧'！"

孔子又去报告三位大臣，（三人皆）不肯出兵。孔子道："因为我曾忝为大夫，不敢不报告。"

古语智慧

"不在其位，不谋其政"，这是被人们广为传说的一句名言。这句话的本意是说无论做什么工作，都应各负其责，各司其职，脚踏实地，做好分内的事情。孔子听说陈成子杀死了齐简公，这在孔子看来是"不可忍"的事情。尽管他已经退官不管事，但他还是把此事告诉了鲁哀公，哀公不管，所以孔子心里很是抱怨，但又无能为力。

二十二

子路问事君。子曰："勿欺也，而犯之。"

古语译读

子路问如何侍奉君主。孔子说："不要欺骗，但要敢于冒犯他。"

古语智慧

无论对待上级还是长者，我们都应该保持一种谦恭的态度，不欺瞒，不顶撞。坦诚地表达自己的意见，如实地反应工作、生活中的问题。当然，如果上级或是长者有不对的地方，我们也应该委婉地提出来，而不应该当面溜须，背后使诈。

二十三

子曰："君子上达，小人下达。"

古语译读

孔子说："君子通达于仁义，小人通达于财利。"

古语智慧

君子修德，小人逐利。君子与小人的追求和人生价值观的趋向不同。正如现实中，求学的不是过问他读了多少书，只在意有没有把握拿到文凭，有了文凭能否得到所期望的位置；做生意的，不问来消费的是谁，只要能赚到钱，获取利润就行。有几个是在真正地研究学问，有几个是用良心在从商？"上达"只不过是一种形而上，有高明的远见，追求一种纯粹的人生；"下达"是一种浅近的，注重现实，看重眼前的人生态度。

二十四

子曰："古之学者为己，今之学者为人？"

古语译读

孔子说："以前从事学习的人为的是提高自己的修养，现在从事学习的人为的是让别人承认自己的才学。"

古语智慧

古代人质朴笃信，探求真理，只要能使自己的学识和修养精深博大就足够了。然而现实生活中，却有许多人只是在为名利生计而奔波劳碌，无暇去体验生命自身的富有和华贵，将高贵的精神丢失在了贪欲逐利的樊笼中。因此，我们要以提高德行修养为根本，以此来提高我们学习各项服务社会的本领。

二十五

蘧（qú）伯玉使人于孔子。孔子与之坐而问焉，曰："夫子何为？"对曰："夫子欲寡其过而未能也。"

使者出。子曰："使乎！使乎！"

古语译读

蘧伯玉派一位使者访问孔子。孔子给他座位，而后问道："蘧伯玉他老人家在干些什么？"使者答道："他老人家想减少过错却还没能做到。"

使者辞了出来。孔子道："好一位使者！好一位使者！"

古语智慧

自我批判和反思是永无止境的。反思清理自己的思维，是一项系统化而艰巨的工程。在生活中、工作中、实践中、思想中，学习别人，反省自我，多读书，多看事情，多看人，三人行必有我师，活到老，学到老，是这一辈子都应该坚持的事情。

二十六

子曰："不在其位，不谋其政。"

曾子曰："君子思不出其位。"

古语译读

孔子说："不在这个职位上负责，就不参与这个职务上的事务。曾子阐发说："君子思虑的东西不超出他的职位。"

古语智慧

孔子的这番话是在教育我们，踏踏实实地做事，老老实实地做人。不僭越，不懈怠，不斤斤计较个人利害的多寡，不贪图安逸的奢华。为官者各负其责，各司其职，脚踏实地，做好分内的事情。

二十七

子曰："君子耻其言而过其行。"

古语译读

孔子说："君子以说得到而做不到为耻。"

古语智慧

无论为人还是处世，都要言而有信。实事求是，认真做事，要"言必信，行必果"，敢于担当，敢于负责。

二十八

子曰："君子道者三，我无能焉：仁者不忧，知者不惑，勇者不惧。"子贡曰："夫子自道也。"

古语译读

孔子说："君子所应遵循的三条原则我都没有做到：有仁德的人不忧虑，有智慧的人不迷惑，有勇敢的人不畏惧。"子贡说："老师说的君子正是他自己。"

古语智慧

"仁"、"智"、"勇"是孔子思想的重要内容，仁者能以宽阔的胸怀对待他人，乐天知命，内省不疚；智者能以渊博的学识、开阔的视野看待世事，洞察明理，不受诱惑；勇者能以处世不惊的气度对待人生，从容镇定，一往无前而无所畏惧。正因如此，这种人才心怀良善，能无所烦忧。其实，无论任何人，只要能具备这种高贵的品质，不论是为人处世还是在工作生活中，都一定是个非常优秀的成功者。

二十九

子贡方人。子曰："赐也贤乎哉？夫我则不暇。"

古语译读

子贡讥评别人。孔子对他道："你就够好了吗？我却没有这闲工夫。"

古语智慧

我们应该客观地评价他人。正确认识和评价他人的关键是要实事求是，既不要高估，也不要低估，不要拿自身的长处去讥笑他人的短处，“人贵有自知之明”，难道我们自己就毫无缺点吗？我们应当保持这样一种感觉：我知道自己的长处、优点，也知道自己的短处、缺点。

三十

子曰：“不患人之不己知，患其不能也。”

古语译读

孔子说：“不要忧虑别人不了解自己，应该忧虑自己没有能力。”

古语智慧

学问的高下，人品的美德，暂时不被人发现或赏识，有什么可忧虑的呢？自己不能辨识奸贤，不能充分了解他人，导致是非颠倒，才是真正值得忧虑的事。做人要端正自己的态度，深刻体悟天理人性，心胸开阔，兢兢业业，不断进取。而不应该斤斤计较，患得患失，能“人不知而不愠”，不因虚名而负累、整日虚浮地迎来送往，心底坦荡澄清才能映照出他人真实的影子。

三十一

子曰：“不逆诈，不亿不信，抑亦先觉者，是贤乎！”

古语译读

孔子说："不预先怀疑别人欺诈，也不猜测别人不诚实，然而能事先觉察别人的欺诈和不诚实，这就是贤人了。"

古语智慧

一个博学闻达的人具有事先看清问题的能力，总是能够通过一个人的性格及其发生的事情推断出后来的结局。这种对事物发展有预见性的人，孔子说可以称为贤人了。害人之心不可有，防人之心也不可无，我们每个人都应该养成勤于思考的习惯，从身边发生的事情中分析出哪个是对自己有利的，哪个是有弊的。

三十二

微生亩谓孔子曰："丘何为是栖栖者与？无乃为佞乎？"孔子曰："非敢为佞也，疾固也。"

古语译读

微生亩对孔子说："你为什么这样忙忙碌碌的呢？不是要逞你的口才吗？"孔子说："我不是逞口才，而是讨厌那种顽固不化的人。"

古语智慧

鲁国隐士微生亩以小人之心度君子之腹，他就是那种顽固不化的人。当遇见智者提问时，就应用自己的"智慧"去回答，因为你没白费口舌；相反，遇见愚蠢的执拗不通的人时，就应该以其人之道还治其人之身的"愚蠢"的办法去对付，因为他什么都不懂，我们没有必要对牛弹琴。另外，也不要用他人的错误来让自己生气，从而伤害自己。

三十三

子曰："骥不称其力，称其德也。"

古语译读

孔子说："用骥来称千里马，并不是赞美它的气力，而是赞美它的品德。"

古语智慧

日行千里的快马，若有"德"，善通人性，实为良驹；千里之骑，若桀骜不驯，野性难泯，虽脚力再好也终不能用。辨识良马尚且如此，对于一个人来说，更须以德行修养来评判了。夫子有言"君子贞而不谅。"就是要求君子要树立崇高的信仰，并能躬身践行，坚定而不违背正义。成德以仁为先，宽仁而爱人，用高尚的人格谱写生命辉煌的乐章。

三十四

或曰："以德报怨，何如？"子曰："何以报德？以直报怨，以德报德。"

古语译读

有人说："用恩德回报怨恨，怎么样？"孔子说："那用什么回报恩德呢？用公正回报怨恨，用恩德回报恩德。"

古语智慧

人生一世，放眼四海，快意恩仇，让心中的不快随风而逝，给他人一个机会，就是给自己的内心一片释然，给需要帮助的人一点帮助，也成就了自己的德修，德出于心，不求德报。

三十五

子曰：“莫我知也夫！”子贡曰：“何为其莫知子也？”子曰：“不怨天，不尤人，下学而上达。知我者其天乎！”

古语译读

孔子说：“没有人了解我啊！”子贡说：“为什么说没有人了解您呢？”孔子说：“不怨恨上天，不责怪别人，学习平常的知识而懂得高深的道理，了解我的只有上天吧？”

古语智慧

命运是公平的，往往会青睐于努力拼搏、学习上进的人；然而，有时候命运也是不公平的，因为，艰辛的付出不一定会有丰硕的回报。因此，当命运不公平的时候，我们也不应该怨天尤人，总把过错往别人身上推，而应该多从自身找找原因。找到症结所在之后，努力改正，这样才是战胜命运不公的“法宝”。

三十六

公伯寮愬子路于季孙。子服景伯以告，曰：“夫子固有惑志于公伯寮，吾力犹能肆诸市朝。”

子曰："道之将行也与，命也；道之将废也与，命也。公伯寮其如命何！"

古语译读

公伯寮向季孙毁谤子路。子服景伯告诉孔子，并且说："他老人家已经被公伯寮所迷惑了，可是我的力量还能把他的尸首在街头示众。"

孔子道："我的主张将实现吗，听之于命运；我的主张将永不实现吗，也听之于命运。公伯寮能把我的命运怎样呢？"

古语智慧

这是孔子关于"命"的说法。孔子走的是为国家民族、为人类、为天地行正道，能够走得通，是命。倘使这个文化命脉真的要中断了，也是民族、国家、时代的命运。一方面承认客观必然性，一方面看到以君主为首的执政者的主观作用，并将两者有机结合起来，这是儒家历史观中值得肯定的部分。

三十七

子曰："贤者辟世，其次辟地，其次辟色，其次辟言。"

子曰："作者七人矣。"

古语译读

孔子说："有些贤者逃避恶浊社会而隐居，次一等的择地而赴，再次一等的避免不好的脸色，再次一等的回避恶言。"

孔子又说："像这样的人已经有七位了。"

古语智慧 其实，隐士并不想当隐士，如果不是因为天下失道，君主失德，感到社会已经无可救药的时候，他们不会忍心去当隐士。这样的社会，百姓无疑会生活在水深火热之中。这样无道的执政者，离灭亡还会远吗？这段话反映的是孔子对时代的痛心。而孔子的这种感触无疑值得千秋万世的执政者引以为戒。

三十八

子路宿于石门。晨门曰："奚自？"子路曰："自孔氏。"曰："是知其不可而为之者与？"

古语译读

子路在石门住了一宿，看门人问道："从哪儿来？"子路说："从孔家。"看门人说："就是那位知道无法做到，却还要去做的人吗？"

古语智慧

开启历史这扇古老而沉重的大门，可以看见孔子四处奔走，推行其道，忧世济民的身影，他明知不可为而为之，抱持坚定的信念，奔走不怠，以天下为己任，为苍生而呼告。现实中明知腐败不可行而为之者，却是为了一己之私，铤而走险，实为国之蛀虫。

三十九

子击磬于卫，有荷蒉（kuì）而过孔氏之门者，曰："有心哉，击磬乎！"既而曰："鄙哉，硁硁乎！莫己知也，斯己而已矣。深则厉，浅则揭。"

子曰："果哉！末之难矣。"

古语译读

孔子在卫国，一天正敲着磬，有一个挑着草筐的汉子恰在门前走过，便说道："这个敲磬是有深意的呀！"等一会又说："磬声轻轻的，可鄙呀！（它好像在说，没有人知道我呀！）没有人知道自己，这就罢休好了。水深，索性连衣裳走过去；水浅，无忍撩起衣裳走过去。"

孔子道："好坚决！没有办法说服他了。"

古语智慧

深则厉，浅则揭，这句话用来比喻人的进退应该审时度势。水深比喻社会非常黑暗，只得听之任之；水浅比喻黑暗的程度不深，还可以使自己不受污染，便无妨撩起衣裳，免得濡湿。当今官场贪腐之风日盛，身在其中的人应该有"深则厉，浅则揭"的思想准备，才能游刃于官场之中。

四十

子张曰："《书》云：'高宗谅阴，三年不言。'何谓也？"子曰："何必高宗，古之人皆然。君薨（hōng），百官司总己以听于冢宰三年。"

古语译读

子张道："《尚书》说：'殷高宗守孝，住在凶庐，三年不言语。'这是什么意思？"孔子道："不仅仅高宗，古人都这样：国君死了，继承的君王三年不问政治，各部门的官员听命于宰相。"

古语智慧

子女为父母守丧三年的习俗在孔子的时代以前便出现了，《尚书》

中就有这样的记载。对此，孔子持肯定态度，即使是国君，其父母去世了，也在继位后三年内不理政事，平民百姓更是如此了。可见中国五千年传统文化中尊重照顾家里的老人这一文化的传承一直被放在重要的地位，代代相传。

四十一

子曰："上好礼，则民易使也。"

古语译读

孔子说："在上位的人若遇事依礼而行，就容易使百姓听从指挥。"

古语智慧

这句话说的是领导与民众的关系，领导如果以礼待人，按礼办事，民众也会对领导的"礼"回报以尊敬与服从。那么领导者的意图、指令便会比较顺利地被贯彻落实。

四十二

子路问君子。子曰："修己以敬。"

曰："如斯而已乎？"曰："修己以安人。"

曰："如斯而已乎？"曰："修己以安百姓。修己以安百姓，尧舜其犹病诸。"

古语译读

子路问怎样才算得上君子。孔子曰："修养自己，严肃地对待工作。”

子路说：“这样就行了吗？”孔子说：“修养自己，使上层人物得到安乐。”

子路说：“这样就行了吗？”孔子说：“修养自己，使老百姓得到安乐。修养自己而使老百姓得到安乐，即使尧、舜也难以做到吧？”

古语智慧

修身养德是君子立身处世和管理政事的关键所在，只有这样做，才可以达到政通人和，百姓安乐的目标。因此，作为领导者，应该在日常生活中应严于律己，踏实学习，修养自己的品行，平静地面对人生的宠辱得失，更好地为人民、为社会做贡献。

四十三

原壤夷俟。子曰：“幼而不孙弟，长而无述焉，老而不死，是为贼。”以杖叩其胫。

古语译读

原壤两腿像“八”字一样张开坐在地上，等着孔子。孔子骂道：“你幼小时候不懂礼节，长大了毫无贡献，老了还白吃粮食，真是个害人精。”说完，用拐杖敲了敲他的小腿。

古语智慧

父母对儿女，长辈对晚辈，光有慈爱是远远不够的，也必须要尽到教导之责。首先是良好生活习惯的培养；其次是高尚品德的培养；还要帮助儿女开阔眼界和胸襟；最后则应尽可能地帮助儿女增长知识和技能。如此，方为“长而有述”。

四十四

阙党童子将命。或问之曰：“益者与？”子曰：“吾见其居于位也，见其与先生并行也。非求益者也，欲速成者也。”

古语译读

阙党的一个童子来向孔子传话。有人问孔子：“他是追求上进的人吗？”孔子说：“我只见他（心安理得地）坐在成年人的位子上，只见他同成人并肩而行。他并不是追求上进的人，而是急于取得成人地位的人。”

古语智慧

孔子特别注重长幼有序，除了要求人们在家庭里讲孝悌外，还要求年幼者在家庭以外对长者也必须尊敬。即非其位不居，举止得体，谈吐合宜，正确地认识自我，准确地定位自己；为人处世，必当谨慎，循礼而行，以礼而处。孔子的这些思想逐渐发展成为中华民族尊老敬老的传统美德，直到今天还依然得以提倡和奉行。

卫灵公篇

忠信笃敬，坚守仁道

《卫灵公篇》主要讲述了孔子的『君子小人』观的若干方面，孔子的教育思想和政治思想以及孔子在其他方面的言行。

谨守人格的纯正，抵制外界的诱惑，勇于追求崇高的人生。既不贪恋高位，也不贪图利禄。心怀社稷，情系万民，忧天下之先忧，乐天下之后乐。目光远大，见微知著，顺境中不骄奢，逆境中不颓废，忠厚诚信，质朴恭敬，不矫揉造作，不哗众取宠，笃信好学，死守善道，修养心性，从容地面对人生的各种挑战。

一

卫灵公问陈于孔子。孔子对曰："俎（zǔ）豆之事，则尝闻之矣；军旅之事，未之学也。"明日遂行。

古语译读

卫灵公向孔子问军队的阵法。孔子回答说："祭祀礼仪方面的事情，我曾经略有所闻；至于军队方面的事情，我从来没有学过。"第二天便离开了卫国。

古语智慧

兴仁德，修礼乐，孔子一生推行仁道，提倡以德治政，教化以礼。当卫灵公问及打仗之事时，他对于武力侵略他国，妄图施行霸权举措非常厌烦，因此推托不知。其实，孔子是善于军事谋略的，其弟子冉有指挥鲁军击退齐国的军事本领就出自他的培养和传授。但是因为尚武是他所摒弃的治国方略，所以他不屑于说。

现代社会，我们同样不尚武力，我们追求的是和平。

人物链接

卫灵公：卫国国君。为襄公之子，名元。

二

在陈绝粮，从者病，莫能兴。子路愠见曰："君子亦有穷乎？"子曰："君子固穷，小人穷斯滥矣。"

古语译读

孔子在陈国断了粮，跟随的人都饿病了，没有人能站起来。子路怨怒地来见孔子，说："君子也会陷入困境吗？"孔子说："君子陷入困境，还能坚持住。小人陷入困境，便会乱来了。"

古语智慧

人生在世，不如意之事常十之八九，没有谁的人生路是一马平川的，经历坎坷的人生才是丰满的一生。常人往往会在困顿之时变得懦弱、消沉、埋怨，甚至放弃做人的原则，而君子则能在逆境之中彰显人性的美德，品格的高洁。

当我们遇到磨难，不要屈服，不要气馁，而是选择用勇气和坚持去与逆境抗争，那样就能走出困境，走出人生的低谷，赢取事业新的辉煌。

三

子曰："赐也！女以予为多学而识之者与？"对曰："然，非与？"曰："非也，予一以贯之。"

古语译读

孔子对子贡说："赐啊，你认为我多方学习并都将它们记住了吗？"子贡回答说："是的。难道不是这样吗？"孔子说："不对。我用一个基本观念将它们贯穿起来。"

古语智慧

"一以贯之"是孔子积累知识，使其知识渊博的秘诀。这一学习原则在今天同样适用，在学习中，我们要坚持和学习这个“一”，先接受和夯实基础，再勤于思考，从而掌握一定的规律，从而总结出一条适合于自身学习和发展的路子，这样才有可能实现创新和超越。

四

子曰：“由！知德者鲜矣。”

古语译读

孔子说：“由！懂得德的人太少了。”

古语智慧

这句话是孔子对子路的信任与期待，同时又是对当下人们品行的失望，也表达了自己实行仁德教育的迫切使命感。

五

子曰：“无为而治者，其舜也与？夫何为哉？恭己正南面而已矣。”

古语译读

孔子说：“不用管理政事就能将天下治理好的人，大概只有舜吧！他做了些什么呢？他只是庄严地坐在君主位子上罢了。”

古语智慧

孔子认为舜是天生的仁人，以仁人而行仁，因此以仁得仁，尽管只是恭敬端正地南面而坐，但同样天下大治。这不是无所事事的意思，而是仁的胜利，道的胜利，在孔子的观念中，这种无为而治，就是礼治，是孔子所向往与追求的目标。

一六

子张问行。子曰："言忠信，行笃敬，虽蛮貊（mò）之邦，行矣。言不忠信，行不笃敬，虽州里，行乎哉？立则见其参于前也，在舆则见其倚于衡也，夫然后行。"子张书诸绅。

古语译读

子张问怎样才能使自己到处都行得通。孔子说："言语真诚可信，行为忠厚严肃，即使到异族国家，也行得通。言语虚伪无常，行为刻薄轻狂，即使在本乡本土，又能行得通吗？站着，就好像看见这些原则直立在面前；坐在车里，就好像看见这些原则斜倚在车前横木上。这样才能使自己到处行得通。"子张把这些话写在衣带上。

古语智慧

人生在世，每个人都有各自不同的生活方式。如果能以"言忠信，行笃敬"，即用真诚、忠厚的心怀，质朴的语言和庄重的态度待人接物，这样自然能够得到认可，也可以让自己在为人处世时如鱼得水。

一七

子曰："直哉史鱼！邦有道，如矢；邦无道，如矢。君子哉蘧伯玉！邦有道，则仕；邦无道，则可卷而怀之。"

古语译读

孔子说："史鱼真是忠直啊！国家政治清明，他像箭一样直；国家政治黑暗，他也像箭一样直。蘧伯玉真是一个君子啊！国家政治清明，他出来做官；国家政治黑暗，他就将自己的本领收藏起来。"

古语智慧

大千世界，每个人都有自己不同的人生态度。有的人韬光养晦，伺机而动；有的人阿谀奉承，攀权附贵；有的人淡泊名利，独善其身；有的人忠贞守信，舍生取义。面对追求，面对信仰，每个人都有追求幸福的权利，但做事必须坚守良知的底线，正如孔子所盛赞的史鱼一样，正直无私，能够抵制名利的诱惑，勇于放弃地位与权势，保持"君子"的高贵品质。

人物链接

史鱼：字子鱼，名佗。卫国大夫。

八

子曰："可与言而不与之言，失人；不可与言而与言，失言。知者不失人，亦不失言。"

古语译读

孔子说："值得和他交谈而不和他交谈，这就错过了交谈的对象；不值得和他交谈却和他交谈，这就说了不该说的话。明智的人既不错过交谈的对象，也不说不该说的话。"

古语智慧

语言是表达人内心活动的载体，过分地注重语言的表达方式和说话的委婉，很容易流于巧言。无论是治理国家还是治理企业，作为领导者都应该谨记“巧言之乱邦”的危害。因此，领导者不在言多，在于始终如一，一以贯之，谨守初衷，坚持前人开创的事业，不懈怠，不妄念，这样才能为企业的发展锦上添花。

—— 九

子曰：“志士仁人，无求生以害仁，有杀身以成仁。”

古语译读

孔子说：“仁人志士，不因贪生怕死而损害仁德，却勇于献身以成就仁德。”

古语智慧

“仁”是孔子思想的核心内容，“杀身成仁”便是其中之一，这就是提出了一个人关于人生观和信仰价值的问题，有的人能够以身殉国，有的人愿意以身殉道，他们愿意放弃生命而坚守与信仰想抵触的事或人，宁可杀身成仁，也不放弃理想和信仰，反过来讲，他们也不会为了自身的利益或安全，而放弃对仁义的坚守。

现代社会，我们自然不用做到用“杀身成仁”来殉国或殉道，但先贤们的这种精神却值得我们推崇和学习。

十

子贡问为仁。子曰：“工欲善其事，必先利其器。居是邦也，事其大夫之贤者，友其士之仁者。”

古语译读

子贡问如何提高仁德。孔子说：“工匠要完成好他的工作，必须先把他的工具准备好。我们住在一个国家里，就要侍奉大夫们里头的贤人，交结士人里头的仁人。”

古语智慧

做事之前准备充分，才能收获更多的成果。在商场上要想销路大开就得做好、做足前期的市场调研，摸清门路，搞好各方面的关系；在行政机构，要想立足脚跟，有所作为，也同样需要晓得和利用各种关系，用清晰的人脉网，为自己的仕途铺平道路。这是一种现实，不论是什么时代，什么人，即使是圣人的孔子也不例外，唯一不同的是目的，有德者能施仁于人。

十一

颜渊问为邦。子曰：“行夏之时，乘殷之辂，服周之冕，乐则《韶》《舞》。放郑声，远佞人。郑声淫，佞人殆。”

古语译读

颜渊问怎样去治理国家。孔子说：“用夏朝的历法，坐殷朝的车子，戴周朝的礼帽，音乐就用《韶》和《舞》。舍弃郑国的乐曲，斥退小人。郑国的乐曲靡曼淫秽，小人危险。”

古语智慧

这里讲的是治国之道。治国的事情千头万绪，孔子告诉颜渊的这几点，可谓博采历代的长处，夏代的历法有利于农业生产，殷代的车子朴实适用，周代的礼帽华美，《韶》乐优美动听，这是孔子理想的生活方式。他还是主张“复礼”，此外，还要禁绝靡靡之音，疏远佞人，自能树立宏规，治国平天下的章法可以概见。

十二

子曰：“人无远虑，必有近忧。”

古语译读

孔子说：“一个人若没有长远的考虑，必定会有眼下的祸患。”

古语智慧

这句充满古人智慧的告诫，就是要求人必须要有一个长远的或较为长远的目标，然后坚持既定的目标，努力追求。如果只一味地“今朝有酒今朝醉”，只会让自己陷入人生不可自拔的泥淖。我们没有圣人的智慧去思考久远，但我们可以抓住每一个今天，踏踏实实地为自己力所能及的目标努力奋斗，从而一步步地接近自己的理想。

十三

子曰：“已矣乎！吾未见好德如好色者也。”

古语译读

孔子说："完了！我从没见过像喜欢美貌一般地喜欢美德的人哩。"

古语智慧

人生在世应该不断地修正自己的德行，真正能让人生觉得踏实、充实的内在美就是德行。一个真正有德行的人不需要别人来尊重欣赏，因为所有的朋友都会主动去接近他。

十四

子曰："臧文仲其窃位者与！知柳下惠之贤而不与立也。"

古语译读

孔子说："臧文仲大概是个做官不管事的人，他明知柳下惠贤良，却不给他官位。"

古语智慧

臧文仲做执政却压制贤能的柳下惠，如此嫉贤妒能，难怪孔子要责骂他为"窃位者"。身在官场就要做一个胸怀宽广之人，看到有才能的下属时可以予以提拔重用，这样下属不仅会感谢你的知遇之恩，也会因此成为你的左膀右臂，何乐而不为呢？

十五

子曰："躬自厚而薄责于人，则远怨矣。"

古语译读

孔子说："对自己责备重而对别人责备轻，就可以远离别人的怨恨了。"

古语智慧

用坦诚的话语指出别人的不足，用严格的准则要求自己，这样的为人处世，就会使上级、同事、邻里、朋友对你减少怨恨而增加敬重了。

十六

子曰："不曰'如之何，如之何'者，吾末如之何也已矣。"

古语译读

孔子说："从不忧虑地说怎么办，怎么办的人，我对他也不知怎么办才好。"

古语智慧

人类历史是在开拓无数个"为什么"的基础上开始的，对任何问题都不动脑筋，不思考，糊涂度日的人，是找不到问题，也无法解答问题的，因为他缺少对事物的好奇心和追求的欲望，一旦生命沉寂为一潭死水，那就失去了生命的意义，即使圣人又奈若何？

十七

子曰："群居终日，言不及义，好行小慧，难矣哉！"

古语译读

孔子说："和大家整天在一起，一点有道理的话都不讲，只知卖弄小聪明，这种人实在难有什么成就。"

古语智慧

我们要珍惜生命，把握稍纵即逝的时光，去充实学养，修养品德。而不要整天三五狐朋，围坐一起，捕风捉影，东家长，西家短，或是相互吹牛买弄自我，要要小聪明，浪费了大好的时光，延误了青春，这样是很难有所作为的。

十八

子曰："君子义以为质，礼以行之，孙以出之，信以成之。君子哉！"

古语译读

孔子说："君子做事以义为根本，以礼来实行它，用谦逊的言辞说出来，以诚实的态度完成它。这才是一个真君子！"

古语智慧

我们要向古代君子学习，修身立世注重"义、礼、逊、信"的修养，行为恭敬，举止得体，言语温婉，态度谦和，信守承诺，不骄不躁，坦诚自信。

十九

子曰：“君子病无能焉，不病人之不己知也。”

古语译读

孔子说：“君子只忧愁自己没有才能，不忧愁别人不了解自己。”

古语智慧

面对浩瀚的人类历史，人之一世又是何其短暂和有限。人生的意义就在于能在这短暂而有限的生命历程中，留下一些真实的脚印，回首此生时，无愧于心，无悔今生。即使不能光耀史册，最起码应做出一些为人称道的业绩。

二十

子曰：“君子疾没世而名不称焉。”

古语译读

孔子说：“君子只遗憾死后没有名声被人传颂。”

古语智慧

孔子认为人活一辈子，如果没有留下好的名声给后人传颂是很遗憾的一件事情。被世人称赞传颂了，你就是君子。通过这句话我们可以看出孔子还是希望贤德之士能够不断上进，要求自己的学识修养能再达到一个新的高度的。现在的我们虽然不是每个人都能达到君子的标准，但要求自己努力向上总是没错的。

二十一

子曰："君子求诸己，小人求诸人。"

古语译读

孔子说："君子依靠自己，小人依靠别人。"

古语智慧

现实生活中，有许多人喜欢攀权附贵，借机钻营，以此来构筑自己的人际关系网。虽然这样做会获得不错的效果，但长此以往，他们的钻营手段必将会遭人唾弃，之前辛苦搭建的人际网络也很可能会瞬间崩塌。正确的社交方法应该是首先注重修养自己的品德，勤于修正自我，重视完善自我；其次，遇事不会推诿责任，苛求他人，而是体谅他人，凡事先找自己的原因；然后付出真诚与耐心。这样才可以在社交中如鱼得水，借势发力，创造出更大的成绩。

二十二

子曰："君子矜而不争，群而不党。"

古语译读

孔子说："君子自重而不争执，合群而不结党。"

古语智慧

如今的职场中仍然是"君子"与"小人"并存的，在一些组织或企业中，总有一些人在搞小团体，排除异己，想要凌驾于组织与企业的规章制度之上，这种做法无异于自取灭亡。而真正能够在组织或企业中很好地生存并获得长足发展的，永远是那些从不结党营私，而是一直以组织或企业的利益为根本，为完成本职工作孜孜以求，为组织或企业发展献计献策的人。

二十三

子曰："君子不以言举人，不以人废言。"

古语译读

孔子说："君子不因为一个人话说得好就提拔他，也不因为他不是好人就否定他说的话。"

古语智慧

推举或是判断一个人要从细节看品质，全面衡量，切不能仅以口舌之辩而加以判定。儒家推行"敏于事而慎于言"，因此，更不提倡用言语之辩来作为判定或推举能人的标准，"巧言令色"往往能说者，未必能行。相反，"有言者不必有德"，有些人虽然自己做不到，但口头文章却是一套一套。这样的人虽不能"举"，但其"言"不一定没有道理。

二十四

子贡问曰："有一言而可以终身行之者乎？"子曰："其恕乎！己所不欲，勿施于人。"

古语译读

子贡问道："有一个字可用来终身奉行的吗？"孔子说："大概只

有‘恕’吧！自己所不想要的东西，就不要强加给别人。”

古语智慧

我们要拥有一颗宽厚仁爱之心，以己之心，推己及人，在考虑自己立场的时候也替别人想想，也许很多事情都能轻易看透。自己不愿意做的，就不要强加给别人，无论是在生活中还是在工作上，随时带上“恕”字，在你打算怎样对待别人的时候，先想想如果别人这么对你，你是否能够接受。

二十五

子曰：“吾之于人也，谁毁谁誉？如有所誉者，其有所试矣。斯民也，三代之所以直道而行也。”

古语译读

孔子说：“我对于别人，诋毁过谁呢？赞美过谁呢？如果我赞美过谁，一定是考验过他的。现在的人，也就是夏、商、周三代凭以直道而行。”

古语智慧

现实生活中，我们要向古代的先贤学习，推动令人向往的淳朴之风，弘扬社会正气、正义，不要因为手中的权势大，口袋中的文凭职称一大把而横行霸道；也不要因为个人的好恶而扭曲衡量的标尺，枉加诋毁。

二十六

子曰："吾犹及史之阙文也。有马者借人乘之，今亡矣夫！"

古语译读

孔子说："我还能够看到史书存疑的地方。有马的人（自己不会训练）先给别人使用，这种精神，今天也没有了吧！"

古语智慧

孔子教导弟子们做学问应该实事求是。对于历史上不确凿的事，古人的做法是存疑，这是一种科学严谨的治学态度。现在的很多学者对自己的学术不严谨，写出来的很多论文都是一家之言，有的是自己的猜测，没有任何的根据，就直接说是研究的成果，这种不负责任的思想目前在学术界是一大毒瘤。

二十七

子曰："巧言乱德。小不忍则乱大谋。"

古语译读

孔子说："花言巧语会损害道德；小事不忍会损害大事。"

古语智慧

巧言者，能说会道，逢迎拍马，试图讨好他人、忽悠他人，让人失去理智，判断失误。这种人往往能用语言来打乱他人的想法，扰乱德行，但是这些危害的影响力不大，也不易产生多大的效力，不过就是暂时性、表面上的扰乱而已。所以，不必要发现有人逢迎拍马，就站出来口诛笔伐，一副深恶痛绝的样子，要时刻告诫自己：学会迂回，小处能忍，才能在大处有成，保持一颗冷静、理智的头脑，去直面困难，战胜对手，赢得成功。

二十八

子曰："众恶之，必察焉；众好之，必察焉。"

古语译读

孔子说："大家都讨厌他，一定要去考察；大家都喜欢他，也一定要去考察。"

古语智慧

俗话说："路遥知马力，日久见人心。"实践方能出真知，不要轻易听信于别人，更不要道听途说，要通过自己的观察和了解，用自己的思维去分析和评判人或事。

二十九

子曰："人能弘道，非道弘人。"

古语译读

孔子说："道可以随人而扩大，人不可以随道而扩大。"

古语智慧

人是这个社会行为的主体，良好的社会风尚是靠人建设的，奢靡的腐朽之风也是人的行为所致。再好的传统、精神、风尚、道德都需要人来弘扬，这样才能使美好的东西生生不息，灿烂辉煌，没有人的作用，“道”将会慢慢走向消亡。

三十

子曰：“过而不改，是谓过矣。”

古语译读

孔子说：“有过错而不改正，这就真叫过错了。”

古语智慧

“知过能改，善莫大焉。”勇于认识错误，改正错误的人，将会赢得人们的尊重。过失我们无法避免，但是我们却可以做到及时改正。若明知有错，却一错再错，结果只能是自甘堕落，自取灭亡。

三十一

子曰：“吾尝终日不食，终夜不寝，以思，无益，不如学也。”

古语译读

孔子说：“我曾经整天不吃饭，整夜不睡觉，用来思考，但没有益处，不如去学习。”

古语智慧

孔子对“思”与“学”的对比说明可见，一个人废寝忘食的苦思冥想，结果很可能没有得到一点好处，反而使自己神经衰弱，与其这么浪费时间和精力去思考，还不如去请教别人，虚心地学习如何解决问题的办法。

三十二

子曰："君子谋道不谋食。耕也，馁在其中矣；学也，禄在其中矣。君子忧道不忧贫。"

古语译读

孔子说："君子用心求道而不费心思去求衣食。即使你亲自去耕田种地，难保不饿肚子；努力学道，却可以得到俸禄。所以，君子只担忧学不到道，不担忧贫穷。"

古语智慧

孔子的这句话讲的是修身与学习的目的，以及求知与利益的关系、知识与财富的关系。不谋衣食并不是真的不要衣食，而是通过谋道而水到渠成地获得衣食。这里的道也可以说成事业。"子忧道不忧贫"就像事业与金钱的关系，我们如果业有所成，也必会为我们带来生存的财富。

三十三

子曰："知及之，仁不能守之；虽得之，必失之。知及之，仁能守之。不庄以莅（lì）之，则民不敬。知及之，仁能守之，庄以莅之，动之不以礼，未善也。"

古语译读

孔子说："聪明才智足以得到一个官职，如果仁德不能守住它，即使得到了也必定失去。聪明才智足以得到它，仁德也足以守住它，但如果不以严肃的态度来对待它，民众也不会敬从于你。聪明才智足以得到它，仁德足以守住它，又以严肃的态度对待它，但如果不按照礼来行动，也不好。"

古语智慧

人生在世，不论顺逆成败，都值得认真品味，都是人生的财富，重要的是能修养品德。学习很重要，但它只是人生的一部分，而非全部。光学习好、智力强、文凭高是不够的，在拥有这些之后，还要有人生的正确态度，好的出发点，并能遵守生命的规则。否则，"虽得之，必失之！"

三十四

子曰："君子不可小知而可大受也，小人不可大受而可小知也。"

古语译读

孔子说："君子不可从小事情去考验它，但可以接受重任；小人不可接受重任，但可以经受小事情的考验。"

古语智慧

"大恩大用""小惠小用"这是领导者的用人艺术。对于德才兼备的贤人，要"大知"——特别的礼遇；对于资质平平，技能一般的就"小知"——小小礼遇。小人只要能捞取点好处，有点名头就行；而君子才智卓越、仁德庄敬，则需隆重礼遇，委以重任，因为他能为你独当一面，替你分忧解难。

三十五

子曰："民之于仁也，甚于水火。水火，吾见蹈而死者矣，未见蹈仁而死者也。"

古语译读

孔子说："民众需要仁，比需要水火还急迫。我看见有人踏进水火中而死的，却从没有看见实行仁德而死的。"

古语智慧

孔子在"见"和"未见"的对比中感叹：如今大家都在埋头苦干，为了物质需要而奋斗，而遗忘了比此更重要的精神需要，比如仁、义、德等。孔子口中所讲的是如今所常见的一种社会风气，虽然翻过了两千多年的历史长卷，在今天仍然存在。

当今社会，经济的发展，社会的进步，让许多人眼中除了利再也看不到其他东西，社会风气被他们搅乱了，道德底线在他们心中也消失了。如果任由这种情况发展下去，那么我们的国家，我们的民族还有未来吗？所有有正义之感的人都应该团结起来，共同去抵制这些不良的社会风气，从自身做起，从小我做起。

三十六

子曰："当仁，不让于师。"

古语译读

孔子说："面对仁时，即使老师也不必谦让。"

古语智慧

亚里士多德曾说过："吾爱吾师，吾更爱真理。"对于"仁""义"的追求，要坚定慷慨，当仁不让。就如当年黄埔军校的学生面临命运的抉择时，大多数人还是义无反顾地选择了革命，站在了他们的校长蒋介石的对立面，意志坚定地选择了"仁德"，坚决地维护了民族的正义。

三十七

子曰："君子贞而不谅。"

古语译读

孔子说："君子固守正道，不拘泥于小信。"

古语智慧

万事万物都在变化之中，人的认识也在不断进步与变化，很可能会有昨是而今非的现象和事情发生，那么，昨天说过的错话就不一定要去实行，昨天做过错误的行动也不一定要坚持到底。这样说，并不是反对信，而是应该依据道，即是非的判断去做决定。这是一种合于道的人生智慧，如果小信违背了道，那么就不要坚持到顽固的程度，否则就会误入歧途。

三十八

子曰："事君，敬其事而后其食。"

古语译读

孔子说："侍奉君主，应先考虑认真给他办事，然后再考虑从他那里得到俸禄。"

古语智慧

现实生活中，我们要慎重地对待自己的工作，积极主动，尽职尽责地做事。敬其事、负其责，敢于担当，不要处处计较个人的利益得失，更不能为了私利而违背道义、良知。

三十九

子曰："有教无类。"

古语译读

孔子说："我不加区别地教育所有来学习的人。"

古语智慧

教育应该是公平、公正，没有任何歧视的，不分家庭背景，不分民族种族；知识应该是没有界限的，不应人为设置障碍，用城镇和农村户口区分孩子入学，搞一些所谓的贵族学校、育英班；教育也应该是纯净的，不应该弄一些附属经济，让这片净土沾染上铜臭的味道。这些做法都极大地违背了教育的初衷，现代教育者们应该时刻警醒，引以为戒。

四十

子曰：“道不同，不相为谋。”

古语译读

孔子说：“主张不同，就不在一起讨论。”

古语智慧

每个人都有自己的观点和见解，在小问题上不应强人所难，要有宽恕的精神，用人格的魅力去感染别人。但在大原则上，就一定要有自己的主见，若是原则性的问题谈不拢，那就选择放弃，而不应屈从于他人。

四十一

子曰：“辞达而已矣。”

古语译读

孔子说：“言辞，足以明白表达意思就行了。”

古语智慧

语言最大的作用就是沟通，在现实生活中，如果不是从事与口才相关的职业，那么我们只要能做到用语言传情达意就可以了，不必要过分追求语言的华丽。否则，很容易会惹上“巧言令色”“花言巧语”的嫌疑。当然，这也并不是要扼制你的语言天分，或者让你摒弃自己的口才，而是希望你能够不要去逞口舌之快，或者以语言去压制别人。

四十二

师冕见，及阶，子曰："阶也。"及席，子曰："席也。"皆坐，子告之曰："其在斯，某在斯。"

师冕出，子张问曰："与师言之道与？"子曰："然，固相师之道也。"

古语译读

师冕来见孔子，走到台阶沿，孔子道："这是台阶。"走到座席旁，孔子道："这是座席。"都坐定了，孔子告诉他说："某人在这里，某人在这里。"

师冕辞了出来。子张问道："这是同乐师讲话的方式吗？"孔子道："对的，这本来是帮助乐师的方式。"

古语智慧

"孔子相师"一事反映出了孔子思想中"仁"和"礼"的关系。"仁"是"礼"道德情感的依据和基础，"礼"是"仁"在制度和礼节上的表现形式。孔子提醒乐师注意脚下，向他介绍在座的人，这都是相师之道，是礼节；孔子帮助乐师，能做到言辞恳切，礼节周到，态度诚恳，是有仁爱之心的表现。

季氏篇

识结益友，敬畏于心

《季氏篇》主要讲述了孔子及其学生的政治活动，与人相处和结交时注意的原则以及君子的三戒、三畏和九思等内容。

『益者三友。友直，友谅，友多闻，益矣。』结交见闻广博，富有涵养的朋友可以潜移默化地改善自己的心性，完善自己的人格，为自己的人生争光添彩。

成就事业的前提是培养健全的人格，激发追求的欲望，锻造健康、高尚的志趣。纵观历代成就伟业者，皆能敬畏先贤，『畏天命，畏大人，畏圣人言。』皆能修养德行，严谨自律，自强不息。绝不奢靡淫逸，浑浑噩噩，不攀附权贵，戏谑玩弄圣人之言。用圣贤之言警诫自己，用君子之行约束自我。见贤思齐，不口是心非，不标榜自我。修身养德，承继圣贤之学，陶冶情操，崇尚和平，尽自我绵薄之力，维系社会的和平，创造人类的幸福家园。

一

季氏将伐颛（zhuān）臾。冉有、季路见于孔子曰：“季氏将有事于颛臾。”

孔子曰：“求！无乃尔是过与？夫颛臾，昔者先王以为东蒙主，且在邦域之中矣，是社稷之臣也。何以伐为？”

冉有曰：“夫子欲之，吾二臣者皆不欲也。”

孔子曰：“求！周任有言曰：‘陈力就列，不能者止。’危而不持，颠而不扶，则将焉用彼相矣？且尔言过矣，虎兕（sì）出于柙（xiá），龟玉毁于椟中，是谁之过与？”

冉有曰：“今夫颛臾，固而近于费。今不取，后世必为子孙忧。”

孔子曰：“求！君子疾夫舍曰欲之而必为之辞。丘也闻有国有家者，不患寡而患不均，不患贫而患不安。盖均无贫，和无寡，安无倾。夫如是，故远人不服，则修文德以来之。既来之，则安之。今由与求也，相夫子，远人不服，而不能来也；邦分崩离析，而不能守也；而谋动干戈于邦内。吾恐季孙之忧，不在颛臾，而在萧墙之内也。”

古语译读

季氏将攻打颛臾，冉有、子路一同谒见孔子，说：“季氏将对颛臾用兵。”

孔子说：“求！这难道不应该责备你吗？颛臾，前代君王曾授权其主持东蒙山的祭祀，再说它的国境已在我们鲁国的疆界之内，它实际上是我们国家的一个藩属，为什么要去攻打它呢？”

冉有说：“季孙大人想这样做，我们两人都是不愿意的。”

孔子说：“求！周任有句话说：‘使出全力去履行你的职责，如果不胜任就该辞职。’（譬如一个人扶助盲人走路，）假如盲人遇到危险而不去拉住，就要摔倒而不去搀扶，那又何必用这个助手呢？况且你的话错了。老虎犀牛从槛中跑了出去，宝龟宝玉在匣子里毁坏了，这是谁的过失呢？”

冉有说：“现在颛臾城墙坚固，而又邻近费邑，此时不攻取它，以后必将成为季氏子孙的祸患。”

孔子说：“求！君子憎恶那种不说是自己想要而另外找个借口去得到的做法。我听说过，无论诸侯还是大夫，都不用忧虑财富不够和人民不足，而应该忧虑财富不均和民心不安。财富平均，就无所谓贫穷；民心和协，就不会感到人民不足；境内安定，就不会倾危了。做到这样了，如果远方的人还不归服，就修治礼乐去招致他们。他们来了，就让他们安下心来。现在你二人，给季孙辅政，远方的人不归服，你们却不能招致，国家正在分崩离析，你们却无力保全，反而想在境内动用武力。我担心季孙的祸患不在颛臾，而在国君的萧墙里面吧！”

古语智慧

孔子在这里用恰当的比喻，一正一反，形象地道出了问题的实质：无论是做官的还是打工的，都应在自己的岗位上尽职尽责，尽心竭力地好好干，否则就别干。当看到领导犯错，做员工的应该善意地去劝解、制止，而不是袖手旁观，看着他往火炕里跳。这是一个人的职业道德问题，国家有了危机，做臣子的应挺身而出；公司遇到困境，做员工的就应伸出手尽力去帮扶化解。

二

孔子曰：“天下有道，则礼乐征伐自天子出；天下无道，则礼乐征伐自诸侯出。自诸侯出，盖十世希不失矣；自大夫出，五世希不失矣；陪臣执国命，三世希不失矣。天下有道，则政不在大夫。天下有道，则庶人不议。”

古语译读

孔子说：“天下政治清明，礼乐教化与军事行动都由天子做主；天下政治混乱，礼乐教化与军事行动由诸侯做主。由诸侯做主，传到十代很少不失去的；由大夫做主，传到五代很少不失去的；至于由家臣掌握国家命运，传到三代很少不失去的。天下政治清明，国家政权不会由大夫掌握。天下政治清明，老百姓不会纷纷议论政治。”

古语智慧

“政治”“文化”“军事”是一个国家的政策制定是否科学的重要指标。高度的中央集权、高度的政令通畅、高度的思想一致性，提升了国家和民族的核心竞争力，民意支持率高，即使领导“独裁”，也可以说是“有道”；否则，当民无所适从，而众议沸腾时，政局就会动荡不安，民意支持率就会下降，即使三权分立，甚至六卿分权的多党制也将是“无道”的。

三

孔子曰：“禄之去公室五世矣，政逮于大夫四世矣，故夫三桓之子孙微矣。”

古语译读

孔子说：“国家政权离开了鲁君，（从鲁君来说，）已经五代了；政权到了大夫之手，（从季氏来说，）已经四代了，所以桓公的三房子孙现在也衰微了。”

古语智慧

发生在鲁国的“三桓”秉政、架空鲁君是春秋末期的一种政治变革，对此，孔子认为这是一种不尊上的行为，说当政三家的后代要衰微了。权力使人腐败，腐败带来了物质享受，过多地贪图享受物质易致子孙多“不肖”，自然也就“微矣”了。

四

孔子曰：“益者三友，损者三友。友直，友谅，友多闻，益矣。友便辟，友善柔，友便佞，损矣。”

古语译读

孔子说：“对自己有益的有三种朋友，对自己有害的有三种朋友。与正直的人为友，与诚实的人为友，与见闻广博的人为友，便对自己有益了。与谄媚奉承的人为友，与虚情假意的人为友，与夸夸其谈的人为友，便对自己有害了。”

古语智慧

为人处世应追求健康、高尚的人生品位，追求有益、有趣的生活，结交有德、有识的朋友。同时要排斥不良低俗的嗜好，远离无德、无能的小人。

五

孔子曰："益者三乐，损者三乐。乐节礼乐，乐道人之善，乐多贤友，益矣。乐骄乐，乐佚游，乐宴乐，损矣。"

古语译读

孔子说："对自己有益的有三种快乐，对自己有害的有三种快乐。以得到礼乐的调节为乐，以传扬别人的好处为乐，以多交贤友为乐，便对自己有益了。以骄恣无礼为乐，以纵情游荡为乐，以饮食荒淫为乐，便对自己有害了。"

古语智慧

人一生之成就，皆建立在品行之上，而品行的养成则受志趣的影响，志趣则是由外界环境所塑造的。因此，一个人要想修身养德，德才兼备，就要择善邻而居，择益友而交。把持自我的内心，不放纵，不虚妄，不玩物丧志，不被眼前的蝇头小利而迷惑，不被头上的花环而陶醉，否则就会丧失自我，走上歧路。

六

孔子曰："侍于君子有三愆：言未及之而言谓之躁，言及之而不言谓之隐，未见颜色而言谓之瞽。"

古语译读

孔子说："陪同君子说话容易犯三种过失：没轮到自己说话就先说，叫作急躁；轮到自己说话却不说，叫作隐藏；不看对方脸色就随便张嘴，叫作瞎说。"

古语智慧

说话要看对象、分情况，区别对待，不要开口就说，见人就讲，不分场合容易犯过失。同时，说话时要学会察言观色，不能自说自话，不顾别人的感受。另外，在该表明观点的时候也不要选择沉默不语，否则就会产生欺瞒之嫌。总之，说话要注意分寸，掌握方法，运用技巧。

一七

孔子曰："君子有三戒：少之时，血气未定，戒之在色；及其壮也，血气方刚，戒之在斗；及其老也，血气既衰，戒之在得。"

古语译读

孔子说："君子有三件事应该警诫自己：年轻时，血气未定，应在迷恋女色方面警诫自己；壮年时，血气正旺，应在争强好斗方面警诫自己；年老时，血气已衰，应在贪求名利方面警诫自己。"

古语智慧

先哲的告诫既是人生的一种态度，也是养生之道。年少的时候容易冲动，思想不成熟，不能正确驾驭自己的情感，这个阶段应戒除色心；人及中年，血气方刚，便有了攀比之心，看到别人的房子大、车子豪华、薪资高，就想去争逐一番，容易产生与人争高下的斗勇心理，这个阶段就应保持平常心，戒斗；人过中年，步入老年时，生命力开始趋于平缓，在没有更多收获的时候，容易变得患得患失，这个时候就应该警诫自己的贪求之念，让心灵释怀，体味生命中得失所带给自己的丰满人生。

八

子曰："君子有三畏：畏天命，畏大人，畏圣人之言。小人不知天命而不畏也，狎大人，侮圣人之言。"

古语译读

孔子说："君子所敬畏的有三种：敬畏天命，敬畏居于高位的人，敬畏圣人的言语。小人不懂得天命，因而对它不知敬畏，又轻视居于高位的人，并戏侮圣人的言论。"

古语智慧

做人当敬畏天地，敬畏学有所成者，敬畏圣贤之人。有德之人，不可轻慢，理应敬畏其学识，敬畏其操守，不亵渎，不欺瞒。如果总是抱有"老子天下第一"的想法，就等于将自己的人生推向绝境，那种蛮横，那种无理和目中无人的骄横，足以将自己彻底毁灭。

九

孔子曰："生而知之者上也；学而知之者次也；困而学之，又其次也；困而不学，民斯为下矣。"

古语译读

孔子说："生下来就知道的，是上等；学习了才知道的，是次一等；遇到疑难才去学习的，是再次一等；遇到疑难而不去学习，就是最下等的了。"

古语智慧

天生就有很高的禀赋，无师自通，这种人常人不可企及，也是百年难遇的，但这种天才的存在是毋庸置疑的。只不过，天才也需要后天百分之九十九的努力，再结合他自身百分之一的灵感，才能有所成就。

因此，我们在提倡主动而有创造性的学习精神的同时，在遇到困惑、疑问时，也要虚心求知，向他人求教。也就是说，应该做到不懂就学，不会就问，切不可“困而不学”，不懂装懂，这样只会贻害自身。

一十

孔子曰：“君子有九思：视思明，听思聪，色思温，貌思恭，言思忠，事思敬，疑思问，忿思难，见得思义。”

古语译读

孔子说：“君子有九种考虑：看的时候考虑是否看清楚了，听的时候考虑是否听清楚了，脸色考虑是否温和，外貌考虑是否庄重，言语考虑是否忠心，办事考虑是否认真，有疑问考虑如何向人请教，想发怒考虑是否会有后患，看到可得到的东西考虑得到是否合适。”

古语智慧

孔夫子在这里强调了为人处世的技巧，交际的技巧，与人沟通的技巧，自我心理调理的方法，以及对于“利”的态度。

具体来说就是，做人要有辨识真假、分清是非的能力，有犀利的洞察力；要善于倾听不同的声音，能谦恭仁爱，宽厚待人，给人一种被尊重、被温暖的感觉；要有处变不惊，潇洒自如的处事能力。能言行一致，有“一言既出，驷马难追”的诚信；做事严谨周密，不随意而行；好学善问，能“不耻下问”；能克制自我，进退有度；在利益面前，能守住自己内心的那块天地，懂得取舍之道，不唯利是图，不见利忘义。

十一

孔子曰：“见善如不及，见不善如探汤。吾见其人矣，吾闻其语矣。隐居以求其志，行义以达其道。吾闻其语矣，未见其人也。”

古语译读

孔子说：“看见好的，就生怕赶不上；看见不好的，就如同用手去试热开水一样迅速离开。我见到过这样的人，也听到过这样的话。隐居避世以求保全自己的志向，出仕为官以实现自己的主张。我听说过这样的话，但没见到过这样的人。”

古语智慧

每个人或多或少都有一定的虚荣心，因为有了虚荣心，才会言行不一致。言不由衷，其实很多时候都是为了掩饰内心真正的目的。虚荣心不是不可以有，但要把握一个度，而且最好能够让虚荣心发挥积极的正面作用。

十二

齐景公有马千驷，死之日，民无德而称焉。伯夷叔齐饿于首阳之下，民到于今称之。其斯之谓与？

古语译读

齐景公有马四千匹，死了以后，谁都不觉得他有什么好行为可以称颂。伯夷、叔齐两人饿死在首阳山下，大家到现在还称颂他们。说的就是这个意思吧！

古语智慧

孔子批评了齐景公的见利忘义，赞扬了伯夷、叔齐的义不食周粟，从而阐明了“义”的重要性。人的富有不应只限于财物的富有，道德学问的修养虽不是有形的富有，但却是真正的富有，因为你拥有的是崇高的人格修养和自己内心的安详，这种富有只是不同于财物的富有而已。

十三

陈亢问于伯鱼曰：“子亦有异闻乎？”

对曰：“未也。尝独立，鲤趋而过庭。曰：‘学诗乎？’对曰：‘未也。’‘不学诗，无以言。’鲤退而学诗。他日，又独立，鲤趋而过庭。曰：‘学礼乎？’对曰：‘未也。’‘不学礼，无以立。’鲤退而学礼。闻斯二者。”

陈亢退而喜曰：“问一得三，闻诗，闻礼，又闻君子之远其子也。”

古语译读

陈亢问孔子的儿子伯鱼：“您在老师那儿，得到与众不同的传授了吗？”

答道：“没有。他曾经一个人站在庭中，我恭敬地走过。他问我道：‘学诗没有？’我答说：‘没有。’他便说：‘不学诗就不会说话。’我退回便学诗。过了几天，他又一个人站在庭中，我又恭敬地走过。他问道：‘学礼没有？’我答说：‘没有。’他便说：‘不学礼，便没有立足社会的依据。’我退回便学礼。只听到这两件事。”

陈亢回去非常高兴地说：“我问一件事，知道了三件事。知道诗，知道礼，又知道了君子对他儿子的态度。”

古语智慧

所谓因材施教，就是要了解每个学生的个性特点和兴趣爱好，在尊重和了解的基础上再根据每个学生的特质进行教导。有教无类，人有差别，如贫富、贵贱、智愚、善恶、亲疏之类。就教育来说，应该进行平等的、一视同仁的教育，因材施教，感而化之、循循善诱。

十四

邦君之妻，君称之曰夫人，夫人自称曰小童；邦人称之曰君夫人，称诸异邦曰寡小君；异邦人称之亦曰君夫人。

古语译读

国君的妻子，国君称她为夫人，她自称为小童；国内的人称她为君夫人，但对外国人便称她为寡小君；外国人称她也为君夫人。

古语智慧

这句话表面上说的是诸侯国王室贵族女性身份的小小称谓，其实是站在夫妇伦理的角度上，隐寓了封建时代的女性对于家国天下所承担的巨大责任和无可替代的巨大贡献。现在的中国女性，早已不拘泥于传统“名位”的称谓，她们在新时代的条件下，正视自己的能力，正确定位自己，并切实履行着相应的社会伦理职责。

阳货篇

慎择其道，善谋其政

《阳货篇》主要讲述了孔子的道德教育思想，以及孔子对『仁』的进一步解释等内容。

道的选择是人生的一大抉择。慎择其道，然后善谋其政，善事于政，则能兴国而惠民。若择道有误，则会一生曲折坎坷，满怀抱负而不能拯世救民，更有甚者，会误入歧途而不能自拔。『道之大，故天下莫不能容。』积善从德，是为君子之行；礼仪教化，是为政事之基。为官者造福一方，为仁者，不图回报，则政事清而民风淳，国之兴也。

一

阳货欲见孔子，孔子不见，归孔子豚。

孔子时其亡也，而往拜之。

遇诸涂。

谓孔子曰：“来！予与尔言。”曰：“怀其宝而迷其邦，可谓仁乎？”曰：“不可。——好从事而亟失时，可谓知乎？”曰：“不可。——日月逝矣，岁不我与。”

孔子曰：“诺；吾将仕矣。”

古语译读

阳货想见孔子，孔子不见，他就送给孔子一只蒸熟了的小猪。

孔子等到他不在家的时候，就去回拜他。

和他在路上相遇了。

他对孔子说：“来！我和你谈一谈。”他接着说：“自己藏着一身的本领，却听任国家一片迷乱，这能叫作仁吗？”他自己回答说：“不能。自己喜欢做官却屡次错过机会，这能叫作智吗？”又自答说：“不能。时光在流逝，岁月不待人。”

孔子说：“好吧！我准备做官了。”

古语智慧

面对生命，我们更多的也许是被动，做出的抉择也不一定都是正确的，但我们应随时做好准备，把握稍纵即逝的时光。因为机不可失，时不再来。如果不主动，很多时候机会就会从我们眼皮底下悄悄溜走，空剩下“时不我待”的呐喊和面对时过境迁时的追悔。所以，我们要抓住机遇，主动出击，占据主动，出奇制胜。

二

子曰："性相近也，习相远也。"

古语译读

孔子说："人的本性差不多，因为后天的习染不同而使差距扩大了。"

古语智慧

面对人性的问题，孔子没有指出是性善还是性恶，只是说出了人性本是相近的，之所以有所不同，是因为后天环境的不同，教育程度的差异，习染不同，自己努力的程度不同，因此才渐渐形成差别很大的个性。

由此可见，不论出生富贵还是贫穷，都应树立美好的人生观和价值观，努力学习，积极进取，这样就有机会成为一个真正有德有能之人，一个对社会有益的人。

三

子曰："唯上知与下愚不移。"

古语译读

孔子说："只有最上等的智者与最下等的愚人是后天无法改变的。"

古语智慧

"上智"者，能将事物看得通透、明白，因而不为外物所动；"下愚"者，自暴自弃，知其不足而不学，将自己的人生交给命运去安排，因此坚持己见。

每个人的人生都把握在自己手中，只要努力，就可以改变一切。俗话说，“智者千虑必有一失”“愚者千虑必有一得”，改变从思维开始，无论“上智”，还是“下愚”，都应不断学习，与时俱进。

四

子之武城，闻弦歌之声。夫子莞尔而笑，曰：“割鸡焉用牛刀？”

子游对曰：“昔者偃也闻诸夫子曰：‘君子学道则爱人，小人学道则易使也。’”

子曰：“二三子！偃之言是也。前言戏之耳。”

古语译读

孔子到武城，听到弹琴唱歌的声音。他微笑着说道：“杀鸡哪里用得着宰牛的刀？”

子游回答说：“从前我听老师说过，‘做官的学了礼乐之道就会爱护人民，老百姓学了礼乐之道就易于使令。’”

孔子便说：“学生们！言偃的话是对的。我刚才的话只是开玩笑。”

古语智慧

推行政事，各行其道，最根本的就是能“为官一任，造福一方”，切莫只为了“政绩”而劳民伤财，更应避免利欲熏心，重视形式而违背事实。否则，就会像那句俗谚说的那样：“当官不为民做主，不如回家卖红薯。”

五

公山弗扰以费畔，召，子欲往。

子路不悦，曰："末之也已，何必公山氏之之也？"

子曰："夫召我者，而岂徒哉？如有用我者，吾其为东周乎？"

古语译读

公山弗扰凭借费邑谋叛，召请孔子，孔子准备去。

子路不高兴，说："没有地方去就罢了，为什么一定要去公山氏那里呢？"

孔子说："他召我去，难道是白白召我吗？假如有人用我，我将在东方恢复周文王周武王时的秩序。"

古语智慧

成就人生的方向不只一途，此路不可行，应转身而行，另寻他路。天地宽阔，只要怀抱一颗良善好德之心，内心平静，持节立世，苟无所往，则可独善其身，无须与宵小之徒为伍。即使此生默默无闻，也非虚度年华，因此，何必急功近利，饮鸩止渴呢？

人物链接

公山弗扰：季氏宰。与阳货共同辅佐桓子，据邑以叛。

六

子张问仁于孔子。孔子曰："能行五者于天下为仁矣。"

"请问之。"曰："恭、宽、信、敏、惠。恭则不侮，宽则得众，信则人任焉，敏则有功，惠则足以使人。"

古语译读

子张向孔子问仁。孔子说："能够处处实行五种品德，便是仁人了。"

子张道："请问哪五种？"孔子道："庄重、宽厚、诚实、勤敏、慈惠。庄重就不致遭受侮辱，宽厚就会得到大众的拥护，诚实就会得到别人的任用，勤敏就会工作效率高、贡献大，慈惠就能够使唤人。"

古语智慧

一个人诚信，自然会比不诚信的人优先受到任用，然而诚信只是一个人的基本素质之一，仅仅做到诚信是远远不能满足被任用的要求的，被任用的主要因素还是要有才能。至于做到慈惠，原本是做人的本份，如果是为了方便使唤人才去故意慈惠，那未免失去了慈惠的本意。

一七

佛肸（bì xī）召，子欲往。

子路曰："昔者由也闻诸夫子曰：'亲于其身为不善者，君子不入也。'佛肸以中牟畔，子之往也，如之何？"

子曰："然，有是言也。不曰坚乎，磨而不磷；不曰白乎，涅而不缁。吾岂匏瓜也哉？焉能系而不食？"

古语译读

佛肸召请孔子，孔子准备去。子路说："从前我听老师这样说过：'亲自做坏事的人那里，君子是不去的。'现在佛肸占据中牟谋叛，您却要去，怎么说得通呢？”孔子说：“对。我说过那话。但你不知道吗？最坚硬的东西是磨不薄的，最洁白的东西是染不黑的。我难道是匏瓜吗？怎么能只是悬挂着而不给人吃呢？”

古语智慧

人之一生，既要固守做人的原则，立世的根本，又要能进退自如，放弃莫名的虚妄与诱惑，即懂得取舍，才能成就大业。另外，做人只要坚守心灵的纯美，就能无往而不利；为官只要能持身以正，不为欲念所动，不为世俗左右，就能持德立身，就能使政绩斐然，民心所归。

人物链接

佛肸：春秋末年晋大夫范氏、中行氏的家臣，为中牟的县宰。

八

子曰：“由也！女闻六言六蔽矣乎？”对曰：“未也。”

曰：“居！吾语女。好仁不好学，其蔽也愚；好知不好学，其蔽也荡；好信不好学，其蔽也贼；好直不好学，其蔽也绞；好勇不好学，其蔽也乱；好刚不好学，其蔽也狂。”

古语译读

孔子对子路说：“由啊！你听说过六种品德可能带来的六种流弊吗？”子路回答说：“没有。”

孔子说：“坐着！我告诉你。喜欢仁而不喜欢学问，它的流弊是受人愚弄；喜欢智而不喜欢学问，它的流弊是浮荡无根；喜欢诚信而不喜欢学问，它的流弊是自我伤害；喜欢正直而不喜欢学问，它的流弊是刻薄而不近情理；喜欢勇敢而不喜欢学问，它的流弊是犯上作乱；喜欢刚强而不喜欢学问，它的流弊是狂妄自大。”

古语智慧

学习成就人生，知识改变命运。不重视学习，即使是人格培养中最重要的“仁”“知”“信”“直”“勇”“刚”，也将流于形式，产生弊端。因此，要想有所成就，就必须不断地学习，用知识来净化心田，用知识来武装头脑，克服自身的不足，弥补自身的缺陷，这样才能让自己的人生日臻完美。

九

子曰：“小子何莫学夫诗？诗，可以兴，可以观，可以群，可以怨。迩之事父，远之事君；多识于鸟兽草木之名。”

古语译读

孔子说：“学生们为什么不研习《诗经》呢？《诗经》，可用来激发情思，可用来观察社会，可用来和合人群，可用来讥刺时政。对近的而言，可用来侍奉父母；对远的而言，可用来侍奉君主。还可用来多多认识鸟兽草木的名称。”

古语智慧

有一部书，能勾起你学习的兴趣，值得细细地品味，并能激发你抒怀的情感，还能宣泄你心中的感慨。读完之后，能明白孝敬父母，懂得做人做事的道理，同时还能培养你的文化修养。如此多的所得，你能拒绝它吗？你有理由不去学习吗？

十

子谓伯鱼曰："女为《周南》《召南》矣乎？人而不为《周南》《召南》，其犹正墙面而立也与？"

古语译读

孔子对伯鱼说道："你研究过《周南》和《召南》了吗？人假若不研究《周南》和《召南》，那会像面正对着墙壁而站着吧？"

古语智慧

《周南》《召南》反映的是以家庭为单位的社会生活，恋爱男女、已婚夫妻感情真挚，子女孝敬，乡邻和睦。孔子对伯鱼说的这句话是在告诉我们：一个人如果不学习，不仿效，则会在"修身齐家"方面缺乏参照，会产生严重问题，主要是作为家庭成员应有的情感、德行会不完备，因而很难扮演好社会人的角色。

十一

子曰："礼云礼云，玉帛云乎哉？乐云乐云，钟鼓云乎哉？"

古语译读

孔子说："礼呀礼呀，仅是指玉帛等礼器而说的吗？乐呀乐呀，仅是指钟鼓等乐器而说的吗？"

古语智慧

当社会失去规范的时候，礼乐教化就会成为空洞的、虚浮的，人们只是用它来装点或者娱乐，是一种热闹和应付，所行只是桌子上的玉帛、架子上的钟鼓，一些没有内涵蕴意的形式。可见，歌舞最终要表达的还是整个社会的勃勃生气和内在力量，也就是道德的精神感召与唤醒。

十二

子曰："色厉而内荏，譬诸小人，其犹穿窬之盗也与？"

古语译读

孔子说："脸色威严而内心怯懦，这种人如果用奸人来作比较，就像挖墙钻洞的小偷吧？"

古语智慧

现实生活中有一些人对形式十分热衷，只做表面形式给他人看，实质上是为了伪装自己。人前威风八面，言辞铿锵，暗地里蝇营狗苟，不择手段。这种人表面的光鲜和头顶的光环是难掩内心的虚伪和胆怯的，就像小偷一样，总是会做贼心虚，也终将一无所成。

十三

子曰："乡愿，德之贼也。"

古语译读

孔子说："没有原则的伪君子，是损害道德的小人。"

古语智慧

伪君子的虚情假意，只能导致道德的败坏。貌似德行高尚的背后，其实是善恶不分。他们通常以明哲保身的形象，抱着独善其身的私心，既不能爱憎分明，不能伸张正义，也不能坚持原则，只知投机取巧，左右讨好。对这类人，我们应该予以警惕和防范。

十四

子曰："道听而途说，德之弃也。"

古语译读

孔子说："从路上听到传言，就在路上加以传播，这种人是为道德所不容的。"

古语智慧

四处搜集小道消息，打探别人的隐私，捕风捉影，然后四处传播，以此作为生活的乐趣，实乃卑鄙小人之行径。这种人德之不修，学之不讲，成天就知道家长里短，搬弄是非，唯恐天下不乱，迟早会成为众人唾弃的对象。

十五

子曰："鄙夫可与事君也与哉？其未得之也，患得之。既得之，患失之。苟患失之，无所不至矣。"

古语译读

孔子说："浅陋之徒，岂能和他一起做官共事呢？他没有得到这个位子时，就生怕得不到；已经得到了，又生怕失去。假如生怕失去，他就什么事都做得出来了。”

古语智慧

鄙俗浅陋之人，不注重品德的修养，也没有真才实学，更不懂得治国理政、造福于民。他们的心中只会打自己的小算盘，斤斤计较个人的升迁得失，利禄功名，觊觎高位，挖空心思、不择手段的为自己的仕途开路。这类人是非常阴险和危险的，必须警惕，并远离之。

十六

子曰：“古者民有三疾，今也或是之亡也。古之狂也肆，今之狂也荡；古之矜也廉，今之矜也忿戾；古之愚也直，今之愚也诈而已矣。”

古语译读

孔子说：“古时的人有三种毛病，现在有些人恐怕连这三种毛病都无法拥有了。古时狂妄的人还肆意敢言，现在狂妄的人则放荡无拘；古时矜持的人还很有棱角，现在矜持的人则乖戾悖理；古时愚笨的人还简单直率，现在愚笨的人则只是奸诈虚伪。”

古语智慧

“历史是一面镜子”，察古可以知今，透过历史，我们会更清楚的看到我们的影子。读史不只是为了看煮酒论英雄，更应该看到历史兴衰交替的规律；看古人不只是为了丰富自己的笑谈，更应该从古人身上汲取有益自身发展的养料，摒除腐化的东西，以此来提升我们的精神涵养，改善我们的生活，促进社会的进步。

十七

子曰："巧言令色，鲜矣仁。"

古语译读

孔子说："花言巧语，表示好看的脸色来讨人喜欢，这样的人仁心就很少了。"

古语智慧

孜孜以学，虽不如不学无术者八面玲珑，却能以学富五车的渊博赢得世人的敬慕。巧言者乱德，真实的口齿木讷，要比伪善的滔滔不绝更加可爱而真实。貌似品德高尚，实则善恶不分，既不能弘扬善行，更不能勤政爱民。他们总是以明哲保身的姿态独善其身，阿谀奉承，左右讨好，奴颜婢膝地苟活于世，被世人所不齿。

十八

子曰："恶紫之夺朱也，恶郑声之乱雅乐也，恶利口之覆邦家者。"

古语译读

孔子说："紫色夺去了大红色的光彩和地位，可憎恶；郑国的乐曲破坏了典雅的乐曲，可憎恶；强嘴利舌颠覆国家，可憎恶。"

古语智慧

紫色夺朱色，郑声乱雅乐，利口覆邦家，这都是不遵循事物发展规律的结果。世间万事都有规可循，遵循规矩做事，则万事顺遂。如果开始时不以规矩，不辨是非，终会以邪夺正，以淫乱雅。现代社会上做事不守规矩的人很多，像有的人通过自己的伶牙俐齿说动别人加入他的传销组织，这不光是圣人厌恶的事，也为正直的人所不齿。

十九

子曰："予欲无言。"子贡曰："子如不言，则小子何述焉？"子曰："天何言哉？四时行焉，百物生焉，天何言哉？"

古语译读

孔子说："我想不说话。"子贡说："您如果不说话，那我们传述什么呢？"孔子说："天说了什么呢？但四季照样运行，万物照样生长。天说了什么呢？"

古语智慧

孔子以一句"天何言哉"引导学生认识到一个道理：不要有一点点成绩就沾沾自喜，到处声张、宣扬。上苍虽哺育了万物，却默默无语，在上苍这种博大面前，一个人的成就又算得了什么呢？

如今，最惯常的一个现象就是无论机关还是企业，动不动大会小会，工作就是开会，就是发言、讲话，一讲话就是一堆套话、空话，不着边际的官话，没有自己的真实看法，也提不出一个解决问题的良策。与其整日夸夸其谈，动嘴皮子，还不如踏踏实实地付出真实的行动，光喊口号是解决不了任何问题的，只会引起混乱。

二十

孺悲欲见孔子，孔子辞以疾。将命者出户，取瑟而歌，使之闻之。

古语译读

孺悲来，要会晤孔子，孔子托言有病，拒绝接待。传命的人刚出房门，孔子便把瑟拿出来弹，并且唱着歌，故意让孺悲听到。

古语智慧

生活实践中，正确的东西不能让人有效地接受，多半不是因为你说的没有道理，而是你表达道理的用词语气出了问题，这恐怕是我们应向孔子学习的地方。生活中有许多人，以为真理在握，便不考虑说话方式而随意去说，这样做的问题在于赤裸裸的真理大家不太容易接受，还是应该先把真理打扮一下再说出来与大家分享为好。

二十一

宰我问："三年之丧，期已久矣。君子三年不为礼，礼必坏；三年不为乐，乐必崩。旧谷既没，新谷既升，钻燧改火，期可已矣。"

子曰："食夫稻，衣夫锦，于女安乎？"

曰："安。"

"女安，则为之！夫君子之居丧，食旨不甘，闻乐不乐，居处不安，故不为也。今女安，则为之！"

宰我出。子曰："予之不仁也！子生三年，然后免于父母之怀。夫三年之丧，天下之通丧也，予也有三年之爱于其父母乎？"

古语译读

宰我问道："父母死了，守孝三年，为期也太久了。君子有三年不去习礼仪，礼仪一定会废弃掉；三年不去奏音乐，音乐一定会失传。陈谷既已经吃完了，新谷又已登场；打火用的燧木又经过了一个轮回，一年也就可以了。"

孔子道："（父母死了，不到三年）你便吃那个白米饭，穿那个花缎衣，你心里安不安呢？"

宰我道："安。"

孔子便抢着道："你安，你就去干吧！君子的守孝，吃美味不晓得甜，听音乐不觉得快乐，住在家里不以为舒适，才不这样干。如今你既然觉得心安，便去干好了。"

宰我退了出来。孔子道："宰予真不仁呀！儿女生下地来，三年以后才能完全脱离父母的怀抱。替父母守孝三年，天下都是如此的。宰予难道就没有从他父母那里得着三年怀抱的爱护吗？"

古语智慧

旧俗要求尊亲去世后，子孙要守孝三年，在服满之前要停止一切娱乐和交际活动，以示哀悼。比如说，三年内不办嫁娶喜事，三年内正月十五不蒸灯等。

其实，这些习俗都是用来劝人恭敬父母的，从而使人伦有序，社会和谐，承载的是传统美德。虽然时至今日，社会的发展让许多事情都已百无禁忌，但有关守孝的这些习俗却依然在人们心中庄重地保留着，虽然三年守孝的仪式很难做到，但绝大多数人心中仍是有三年之约的。

二十二

子曰："饱食终日，无所用心，难矣哉！不有博弈者乎？为之，犹贤乎已。"

古语译读

孔子说："吃饱了饭，整天一点事也不做，很不行啊！不是有掷彩下棋的游戏吗？玩一下也比闲着好。"

古语智慧

如今，社会的快速发展，已经让人目不暇接了，人们都有自己的想法，都用各自不同的方法实现着自己的人生价值。但也还是有一些好吃懒做者，或是浑浑噩噩之人，把美好的时光放在了搓麻、泡网、蹦迪上了，不能专心于自己的事业。

人活着，总是要做点事的，没有远大的理想，也可以从身边的小事做起，甚至可以选择有益身心的文艺活动来寄托情感，陶冶性情。

二十三

子路曰："君子尚勇乎？"子曰："君子义以为上，君子有勇而无义为乱，小人有勇而无义为盗。"

古语译读

子路问道："君子崇尚勇敢吗？"孔子说："君子认为义是最崇高的。君子假若只有勇而没有义，就会犯上作乱；小人假若只有勇而没有义，就会成为强盗。"

古语智慧

“勇”应该是我们所崇尚的，但要以“义”为先，一个人如果没有仁义准则，一味的“勇”，就只会像个强盗一样，见利而忘义，既不能匡扶正义，也不能为民造福，只会刚愎自用，贻害他人。

二十四

子贡曰：“君子亦有恶乎？”子曰：“有恶。恶称人之恶者，恶居下流而讪上者，恶勇而无礼者，恶果敢而窒者。”

曰：“赐也亦有恶乎？”“恶徼以为知者，恶不孙以为勇者，恶讦以为直者。”

古语译读

子贡问：“君子也有所厌恶吗？”孔子说：“有厌恶的事。厌恶传扬别人坏处的人，厌恶处在下位而毁谤上级的人，厌恶勇敢而不明礼节的人，厌恶果敢而顽固不化的人。”

孔子接着又问子贡：“赐，你也有所厌恶吗？”子贡回答说：“厌恶抄袭别人的见解以显示自己聪明的人，厌恶狂傲不逊以显示自己勇敢的人，厌恶揭发别人隐私以显示自己正直的人。”

古语智慧

一个人要想坚持真理，坚持正义，坚持做人的原则，坚持做人的道德，就必须懂得爱憎分明，即懂得哪些人该爱，哪些事该爱，哪些人该恨，哪些事该恨，明确了这一点，处世做人就不会好坏不分，是非不明，也不会出现，该爱的不敢爱，该恨的不敢恨，使亲者痛仇者快的事情，如果是这样，那就失去了做人的原则。

二十五

子曰：“唯女子与小人为难养也，近之则不孙，远之则怨。”

古语译读

孔子说：“只有女子与小人是最难伺候的。太亲近了，他们就对你无礼；太疏远了，他们就对你怨恨。”

古语智慧

情深恭敬少，知己笑谈多。面对烦琐的家庭生活，面对真实的生活，无论是圣人还是我们普通人都会有所困扰。这句话被大多数人认为是圣贤之师“性别歧视”的罪证，轻视妇女权益的证据。实则不然，这句嗟叹透射出的其实是圣人在现实中一种英雄气短的无奈。

二十六

子曰：“年四十而见恶焉，其终也已。”

古语译读

孔子说：“一个人到了四十岁还被人厌恶，他这一辈子也就完了。”

古语智慧

曾经年少轻狂，挥霍青春，而今鬓角突然斑白。蓦然回首间，人生已过半，曾经的目空一切和玩世不恭犹如在昨，可过往的已成历史，不可更改。虽然孔子把一个人定性在四十岁，但是，俗话说，“往者不可谏，来着犹可追”，只要拥有一颗向善仁爱之心，任何时候悔悟都不晚。

微子篇

仁者无疆，正气浩然

《微子篇》主要讲述了孔子的政治思想主张，其弟子与老农谈孔子、孔子关于塑造独立人格的思想等。

在人类历史前行的道路上，仁者用睿智的灵魂，穿越岁月的迷雾，照亮时空的隧道，引导后人前行的足迹；先贤以仁德的力量潜移默化地感染着后人的心灵，指引着他们面对生活、求索未来的方向。

一

微子去之，箕子为之奴，比干谏而死。孔子曰：“殷有三仁焉。”

古语译读

（纣王昏庸无道，）微子离他而去，箕子佯狂为奴，比干为谏被杀。孔子评价他们说：“殷代有三位仁人。”

古语智慧

鲁迅先生曾言，真的勇士敢于直面惨淡的人生，敢于正视淋漓的鲜血。没错，这些千古传颂的仁人，没有随肉体的消亡而被世人遗忘，相反，他们的精神却流传千年而不衰，成为民族之魂，民族的脊梁。仁者弃之不用，终致天下覆亡。腐朽的势力如何强大，也难以遮掩历史的曙光，难以泯灭仁者荡气回肠的英雄气概。

人物链接

微子：商末周初朝歌人，本名开，汉时称启，帝乙之长子，因母贱，不得嗣，封于微。商纣之乱时，数谏不听，遂出走以存宗祀。周武王灭商，称臣于周。后封于宋，为周代宋国的始祖。

箕子：商朝贵族，商纣王的叔父，原名胥余，因封于箕，爵为子，故称箕子。

比干：子姓之后，商朝沫邑人（今河南省卫辉市北），中国古代著名忠臣，被誉为“亘古第一忠臣”。商纣王之叔父，管太师。犯颜强谏，被剖心而死。

二

柳下惠为士师，三黜（chù）。人曰：“子未可以去乎？”曰：“直道而事人，焉往而不三黜？枉道而事人，何必去父母之邦？”

古语译读

柳下惠做法官，多次被免职。有人对他说：“您不能离开这里吗？”他说：“公正无私地办事，到哪里不会多次被免职呢？违背公正原则办事，又何必离开祖国呢？”

古语智慧

世事艰险，忠直之士常因不惧邪恶，不畏权势，不入世俗之流，不结党营私而受到宵小之徒的排挤、攻击。但是，他们为了捍卫真理，保卫国家，维护民族的利益，能够高扬正义的旗帜，不低三下四，不仰人鼻息，决然地站在民族和人民的一边，担负起自己的责任，与国、与民同在，这是一种何等自尊、自强的胸襟和豪气。现代社会同样需要这股正气，这种精神。

三

齐景公待孔子曰：“若季氏，则吾不能；以季、孟之间待之。”曰：“吾老矣，不能用也。”孔子行。

古语译读

齐景公谈起对待孔子的礼节时说：“像鲁君对待季孙那样对待他，那我办不到；我将用介于季孙和孟孙之间的位置安排他。”后来又说：“我老了，不能用他了。”孔子便离开了齐国。

古语智慧

面对人生，每个人的追求都不尽相同。当一个人的理想遭遇现实时，就要学会权衡，是继续拼命追求，还是选择勇敢放弃。有时候，坚持并不一定会胜利，选择放弃，另寻他途，或许会有不同的收获。所以，并不是所有的放弃都是逃跑，有时候，放弃是为了更好的选择，为了获得更美的风景。

四

齐人归女乐，季桓子受之，三日不朝，孔子行。

古语译读

齐国给鲁国送了很多歌姬舞女，季桓子接受了，三天不问政事，孔子便走了。

古语智慧

面对欲望的诱惑，普通人沉迷其中而不能自拔，充其量只会引起家庭的风波；而于当政者来说，沉醉其中就会消磨意志，祸国殃民。孔子在两千多年前的这句警言，依然在为今天的人们敲响着警钟。

人物链接

季桓子：名斯。鲁国大夫。

五

楚狂接舆歌而过孔子曰："凤兮凤兮！何德之衰？往者不可谏，来者犹可追。已而，已而！今之从政者殆而！”

孔子下，欲与之言。趋而辟之，不得与之言。

古语译读

楚国的狂人接舆唱着歌经过孔子的屋门，唱道：“凤凰啊凤凰！你的德为何这般衰败了呢？过去的已不可挽回，未来的还赶得上重新开始。算了吧！算了吧！现在从政的人是很危险的！”

孔子下堂，想和他谈谈。他快步避开了，孔子没法同他交谈。

古语智慧

由此可见，庙堂之上有高人，庙堂之下也有高人。这一点在警示我们，现实生活中，我们不应该只关注位居高位之人，对居下位之人同样要以礼相待，以诚相待，这才是君子所为。

人物链接

接舆：姓陆，名通，字接舆。春秋时代楚国著名的隐士。平时“躬耕以食”，因对当时社会不满，剪去头发，佯狂不仕，所以也被人们称为称楚狂接舆。

六

长沮、桀溺耦而耕，孔子过之，使子路问津焉。

长沮曰：“夫执舆者为谁？”

子路曰：“为孔丘。”

曰：“是鲁孔丘与？”

曰：“是也。”

曰："是知津矣。"

问于桀溺。

桀溺曰："子为谁？"

曰："为仲由。"

曰："是鲁孔丘之徒与？"

对曰："然。"

曰："滔滔者天下皆是也，而谁以易之？且而与其从辟人之土也，岂若从辟世之土哉？"耰（yōu）而不辍。

子路行以告。

夫子抚然曰："鸟兽不可与同群，吾非斯人之徒与而谁与？天下有道，丘不与易也。"

古语译读

长沮、桀溺两人一同耕田，孔子从那儿经过，叫子路去问渡口。

长沮问子路道："那位驾车子的是谁？"

子路道："是孔丘。"

他又道："是鲁国的那位孔丘吗？"

了路道："是的。"

他便道："他么，早晓得渡口在哪儿了。"

去问桀溺。

桀溺道："您是谁？"

子路道："我是仲由。"

桀溺道："您是鲁国孔丘的门徒吗？"

答道："对的。"

他便道："像洪水一样的坏东西到处都是，你们同谁去改革它呢？

你与其跟着（孔丘那种）逃避坏人的人，为什么不跟着（我们这些）逃避整个社会的人呢？”

子路回来报告给孔子。

孔子很失望地说道：“我们既然不可以同飞禽走兽合群共处，若不同人群打交道，又同什么去打交道呢？如果天下太平，我就不会同你们一道来从事改革了。”

古语智慧

道不同不相为谋，孔子的理念、救世的思想不被人理解，可想而知他的内心是多么的孤独。当一个人的想法和行为不能被别人理解时，一般会产生两种结果：要么不在乎别人的看法一意孤行，要么顺从大流中断自己的想法。其实，在不违背道德和法律的范围内，可以坚持自己的想法去做，试一下或许就会成功，否则就不会有成功的可能。

七

子路从而后，遇丈人，以杖荷蓧。

子路问曰：“子见夫子乎？”

丈人曰：“四体不勤，五谷不分，孰为夫子？”植其杖而芸。

子路拱而立。

止子路宿，杀鸡为黍而食之，见其二子焉。

明日，子路行以告。

子曰：“隐者也。”使子路反见之。至，则行矣。

子路曰：“不仕无义。长幼之节，不可废也；君臣之义，如之何其废之？欲洁其身，而乱大伦。君子之仕也，行其义也。道之不行，已知之矣。”

古语译读

子路跟随孔子出游，却落在了后面。他遇上一位老人，用手杖挑着除草用的工具。

子路问他：“您看见我的老师了吗？”

老人说：“你四肢不劳动，五谷分不清，谁是你的老师呢？”说完，便拄着手杖去锄草了。

子路拱着手恭敬地站着。

老人留子路在他家住宿，并杀鸡做饭给他吃，又叫他两个儿子出来与他相见。

第二天，子路赶上孔子，把这事向他报告了。

孔子说：“这是一位隐士。”叫子路回去再看看他。到他家，他已经出去了。

子路便说：“不做官是不合适的。长幼间的次序，是不能废弃的。君臣之间的正当关系，又怎么能废弃呢？只想洁身自好，却破坏了基本的伦常。君子出来做官，只是为了履行自己的义务。至于自己的主张无法实行，早就知道了。”

古语智慧

“四体不勤，五谷不分”是劳动者对于孔子的批判，也是对孔子的一种误解。孔子在举步维艰的时局面前，没有选择逃避，也没有选择放弃，而是为了国与民的命运迈出了沉重而匆匆的脚步，鞠躬尽瘁。嘲讽孔子的老人则是选择了父子之情，而放弃了君臣之伦。隐者洁身自好，将身心人格定格在清高之上，而开创事业者，既选择了举大义，也要担负生活的困顿和他人的曲解。

一八

逸民：伯夷、叔齐、虞仲、夷逸、朱张、柳下惠、少连。子曰：“不降其志，不辱其身，伯夷、叔齐与！”谓：“柳下惠、少连，降志辱身矣，言中伦，行中虑，其斯而已矣。”谓：“虞仲、夷逸，隐居放言，身中清，废中权。我则异于是，无可无不可。”

古语译读

古来遁世隐居的人才有：伯夷、叔齐、虞仲、夷逸、朱张、柳下惠、少连。孔子说：“不降低自己志向，不辱没自己身份，是伯夷、叔齐吧！”又说：“柳下惠、少连降低了自己的志向，辱没了自己身份，但言语合乎伦常，行为合乎义理，那也就如此而已。”又说：“虞仲、夷逸，隐居避世，放肆直言，独身清白，被废置不用也是自己的权变之术。而我与这些人不同，没有什么可以，也没有什么不可以。”

古语智慧

古时遁世隐居的贤才，不论环境如何复杂，他们崇高的思想和高远的目标都永远不改变，不动摇。他们能舍弃功名富贵，不贪生怕死，不降志辱身。为人处世奉行“用之则行，舍之则藏”。他们不为僵化的教条而束缚，具有与时俱进的勇气和进取的精神，既不患得患失，也能进退自如。

一九

大师挚适齐，亚饭干适楚，三饭缭适蔡，四饭缺适秦，鼓方叔入于河，播鼗（táo）武入于汉，少师阳、击磬襄入于海。

古语译读

鲁国的乐官之长挚逃到了齐，亚饭干逃到了楚，三饭缭逃到了蔡，四饭缺逃到了秦，鼓师方叔逃居于黄河边上，摇小鼓的乐师武逃居于汉水边上，少师阳和击磬的乐师襄逃居到海边。

古语智慧

人才的合理利用，是一个时代光辉或黯淡的重要因素。真正忧时匡世的人才无法立足，真正有学问的人才不能为国效力，只能灰心地四散而去之时，这就预示着国家和社会的兴衰变迁。就如现在一些单位的领导，不能给真正有能力、有才者提供施展抱负的舞台，不能提供公平的待遇，结果人才流失，只好一人唱独角戏了。

一十

周公谓鲁公曰："君子不施其亲，不使大臣怨乎不以。故旧无大故，则不弃也。无求备于一人！"

古语译读

周公对鲁公说："君子不轻忽他的亲族，不叫大臣抱怨没被任用。旧臣故人如果没有重大过失，就不要抛开他。不要对某一个人求全责备！"

古语智慧

一个人要有容人之雅量，就如同容忍自己一样。狭隘的器量不但使别人难受，也会使自己窒息。作为一个领导，应该为下属提供良好的发展平台，分清责任，摆正位置，不应苛求下属是全才，任何人都有长处，也有缺点，更不要求全责备。

十一

周有八士：伯达、伯适、仲突、仲忽、叔夜、叔夏、季随、季騧（guā）。

古语译读

周朝曾有八个贤士：伯达、伯适、仲突、仲忽、叔夜、叔夏、季随、季騧。

古语智慧

本篇首章提到殷商有三位仁德的人才，却不能任用，预示殷商必然走向灭亡。该句呼应首章，指出周朝的八位贤德人才都得到了重用，意味着周朝的兴盛。周的执政者任用贤德，同心协力，才能使国家兴盛，奠定了周王朝八百年的基业。引申开来便是，天下兴盛，是天下之士共同经营的结果，只要上下同心，就能无坚不摧，就能国富民强。

子张篇

见危致命，见得思义

《子张篇》主要讲述了孔子关于求学的精神，孔子关于学与仕的关系，君子与小人在有过失时的不同表现以及孔子与其学生和他人之间的对话等。

知书才能达理，读书可以明事理，读书可以求真知，读书可以提高品位，改变一个人的心性，建立自强完善的人格，做一个道德高尚的人。

只有学识渊博、睿智之人，才能更好地匡扶社稷，服务于民。有丰厚学养之士，是民族的先觉醒者，在国家面临危难之时，总是能在第一时间挺身而出，取义成仁，奔走呼号，拯救时世，开创新时局，成为真正体现民族精神的脊梁。

一

子张曰："士见危致命，见得思义，祭思敬，丧思哀，其可已矣。"

古语译读

子张说："读书人遇到危难能豁出性命，遇到占有利益能考虑是否正当，祭祀时想着恭敬严肃，居丧时想着悲痛伤心，那也就行了。"

古语智慧

读书可以拯救国家和民族，不读书是没有希望的。知识分子在每个时代都是这个社会的先知先觉者，他们敢于承担责任，勇于挑起民族的重担，在国家和民族危亡的时候能挺身而出，拯救于世。同时，他们还能在利益面前能以道义为先，耻于追逐私利。

二

子张曰："执德不弘，信道不笃，焉能为有？焉能为亡？"

古语译读

子张说："占有道德不广大，信仰真理不坚定，这种人多了他能怎么样？少了他能怎么样？"

古语智慧

很多时候我们都会抱怨命运对自己的不公，却没有在崇尚理想和认准目标的同时去舍身一搏。其实，任何成功光环的背后都必定有艰辛的付出，而局限就在于我们不能放弃眼前既得的利益，患得患失，不能坚守心中对仁德的深刻需求，放弃了心中对"仁"的诚意，急功近利，舍弃了弘扬德行的机会。

三

子夏之门人问交于子张。子张曰："子夏云何？"

对曰："子夏曰：'可者与之，其不可者拒之。'"

子张曰："异乎吾所闻：君子尊贤而容众，嘉善而矜不能。我之大贤与，于人何所不容？我之不贤与，人将拒我，如之何其拒人也？"

古语译读

子夏的学生向子张问交友的原则。子张说："子夏怎么说？"

他们回答说："子夏说：'值得交的就交结他，不值得交的就拒绝他。'"

子张说："这和我所听到的不同：君子尊重贤人，也容纳普通人；鼓励好人，也怜悯无能的人。如果我是非常好的人呢，为什么人不能容纳？如果我是不好的人呢，别人将拒绝我，我又怎能拒绝别人呢？"

古语智慧

现实生活中，我们要用宽和的心态接纳别人，用诚恳的心与他人相交。朋友就是现实中自我真实的影子，那种在困顿时离你而去的，绝对不是真朋友，那种在你腾达时靠近你的，也绝不是为了感情和志气相投而与你相交的，这两种人都不值得相交。唯有患难才能见真情，唯有摒除世俗、势利的朋友，才是真正可交的朋友。

四

子夏曰："虽小道，必有可观者焉；致远恐泥，是以君子不为也。"

古语译读

子夏说："即使小技艺，必定有可取之处，但过于沉溺会妨碍远大前程，所以君子不从事这些东西。"

古语智慧

中国传统儒学对读书人求取学问，提倡应举为官，放眼"大道"，而不拘泥"小道"。这种人才观念在一定程度上影响了中国在科学技术方面的发展。现代社会，我们不讲"道"与"艺"，而讲"人文"与"科技"。实际上，今天的"人文"与"科技"也就是古人追求的"道"与"艺"。求学，当求经国济世之大学问，培养人才全面发展战略思想。

五

子夏曰："日知其所亡，月无忘其所能，可谓好学也已矣。"

古语译读

子夏说："每天知道所未知的，每月记住已经掌握的，可以说是好学了。"

古语智慧

学习是一个循序渐进的过程，每天都有所学，每天就都会有所发现，如此日积月累，将会积淀更丰厚的学养。我们要像鲁迅一样把时间"挤"出来，把空闲时搓麻将的时间和工作之余聊 QQ 的时间都合理的加以利用，这样才会使生命中寂寞、空虚的时间变成享受生命的辰光，从而净化灵魂，积累学问，成就人生。

六

子夏曰：“博学而笃志，切问而近思，仁在其中矣。”

古语译读

子夏说：“广泛地学习，坚守着志向，恳切地发问，联系当前问题进行思考，仁德就在这里面了。”

古语智慧

坚守求学的志向，好问多思，广博的获取知识的养料，必然会形成自己独立的思维体系，从而能够创新进取，有所成就。

七

子夏曰：“百工居肆以成其事，君子学以致其道。”

古语译读

子夏说：“各类工匠要长期留在市场观摩比较，才能善尽他们的职责；君子则要靠努力学习，以完成他的事业。”

古语智慧

“活到老，学到老”，子夏以“百工居肆”比喻人的学习，学习知识就像百工学习技术，不学习就不可能掌握，所以，要想有所得，有一番成就，就必须学习。有真才实学的人，大都勤学不辍，终其一生都在为不断提升自己的知识和能力而不懈努力。所以，一个人如果想有所成就，最好的途径就是持续学习。

八

子夏曰："小人之过也必文。"

古语译读

子夏说："小人对于过失必定加以掩饰。"

古语智慧

君子尚德，能坦诚的面对自己的过错，敢于承担，并能加以改正。"其过也，如日月之蚀，"虽有盈亏，但绝不掩其光芒。小人品德低劣，巧言令色，对于自己的过错不能真实地面对，而是挖空心思找借口，费尽心思找托词，推卸责任，推诿他人。

因此，当我们在生活中遇到坦诚面对自己过错的人时，一定要努力与之结交，成为挚友；而当遇到面对错误总是找借口的人时，一定要谨慎对待，尽量远离。

九

子夏曰："君子有三变：望之俨然，即之也温，听其言也厉。"

古语译读

子夏说："君子给人的感觉有三种变化：远远望去，庄严可畏；走近于他，温和可亲；听他说话，严厉不苟。"

古语智慧

重修其德，自然仪态端庄的人总是会令人起敬。这样的人同时必定内心谦和，温文尔雅；处世坚决果断，有礼有度；为人宽厚仁慈，温和可亲。更重要的是，他们都具有能顾全大局，从不斤斤计较的宽宏度量和高贵品质。

你想成为令人尊敬的人吗？向他们学习并看齐就好了。

十

子夏曰：“君子信而后劳其民；未信，则以为厉己也。信而后谏；未信，则以为谤己也。”

古语译读

子夏说：“君子在得到百姓的信任后才去役使他们，不然，百姓会以为你在残害他们。君子在得到君主的信任后才去向他进谏，不然，君主会以为你在诽谤他。”

古语智慧

“人而无信不知其可也”，信是一个人立身处世的基本原则，也是从政的基本原则。没有“信”，就不会有思想上的真诚，也就得不到更深层次的沟通。一个人无论是贫困还是富达，不论身世显贵还是穷困，都应有“信”。信义是君子人格的基本因素，信义是人内心自律的外在表现，要想提高自己的道德修养，就必须符合外在的道德准则——信义。

十一

子夏曰："大德不逾闲，小德出入可也。"

古语译读

子夏说："人的德行，在大节上不可越出规矩，在小节上有点出入是可以的。"

古语智慧

对人不应求全责备，只要能守住伦常的大节就可以了，也就是说，一个人的寻常言行虽然不够严谨，待人接物的礼貌不够周全，但只要能守持大节而不逾，人格健全，就是可取的。

其实，修大德，更应重细节。于无声处听惊雷，于细微之处见精神。细节不是小问题，细节决定命运，细节关乎成败。道德的修养就是从日常生活中的每一个细节中积累出来的。

十二

子游曰："子夏之门人小子，当洒扫应对进退，则可矣，抑末也。本之则无，如之何？"

子夏闻之，曰："噫！言游过矣！君子之道，孰先传焉？孰后倦焉？譬诸草木，区以别矣。君子之道，焉可诬也？有始有卒者，其惟圣人乎！"

古语译读

子游道："子夏的学生，叫他们做做打扫、接待客人、应对进退的工作，那是可以的；不过这只是末节罢了。探讨他们的学术基础却没有，怎样可以呢？”

子夏听了这话，便道：“咳！言游说错了！君子的学术，哪一项先传授呢？哪一项最后讲述呢？学术犹如草木，是要区别为各种各类的。君子的学术，如何可以歪曲？（依照一定的次序去传授而）有始有终的，大概只有圣人罢！”

古语智慧

“洒扫应对进退”，用现在的话说，就是开了三门日常礼仪课：整理课，说话课，行为课。整理课包括：整理环境、整理用具、整理自我。说话课包括和老师说话、和父母说话、和客人说话、和同学说话等。行为课包括坐、站、走等言行举动。这是在学习做人做事。

十三

子夏曰：“仕而优则学，学而优则仕。”

古语译读

子夏说：“从政而有余力，就去学习；学习而有余力，就去从政。”

古语智慧

读书改变命运，一个人要想成长，要想成为一个对社会有用的人，就得不断学习。只有不断学习，才能知人论事，做事才能有力有理。一个人当了官，如果还能抽时间学习，就能与时俱进，更好地服务人民；一个人学有所成，就应该为社会做些事情，用实践证明自身的价值。

十四

子游曰："丧致乎哀而止。"

古语译读

子游说："居丧，充分表现了他的悲哀就够了。"

古语智慧

在丧事中体现的礼，敬畏而已。如果办得过于奢华，过于讲究形式，舍其本逐其末，就不是礼了。现在人们的生活富裕，丧事崇尚大操大办，耗费大量的人力和财力。逝者已矣，为他花再多的钱他也不会知道了，只要能够充分表达对逝者的哀思其实就足够了。

十五

子游曰："吾友张也为难能也，然而未仁。"

古语译读

子游说："我的朋友子张是难能可贵的了，然而还不能做到仁。"

古语智慧

在孔子的弟子中，子张是比较突出的一个人，他把"仁"作为自己追求的目标，修习道理时既重理论又重实践。子张的缺点是过头和偏激，这不符合中庸之道，因此说"未仁"。《论语》中常以仁、义、君子、贤、直、小人等概念评议人。不过，评议人的事，仁者见仁智者见智，仅是对人的品行的评价，而不是认定，这样有助于教育人，改正人。

十六

曾子曰："堂堂乎张也，难与并为仁矣。"

古语译读

曾子说："子张的为人高得不可攀了，难以携带别人一同进入仁德。"

古语智慧

每个人都有各自结伴同行的朋友，由于性格、志趣、知识、德行的差异，朋友身上也总会有这样那样的问题，你看到并委婉地指出来，朋友就会不断完善自身，努力变得更好后，也会对你心存感激的。

十七

曾子曰："吾闻诸夫子：人未有自致者也，必也亲丧乎！"

古语译读

曾子说："我听老师说过，平常时候，人不可能来自动地充分发挥感情，（如果有）一定在父母死亡的时候罢！"

古语智慧

真诚的情感是孔子特别看重的，如果一个人在父母过世时还要装模作样，装腔作势，这样的人实在没什么意思。不要留下"子欲孝而亲不待"的遗憾，不要只在父母过世时空悲切，现在就是孝敬父母最好的时机：经常给父母打个电话，多利用假期回家陪陪父母，有条件还可以和父母出去旅游。总之就是让父母可以经常地看到我们，对他们来说这就足够了。

十八

曾子曰："吾闻诸夫子：孟庄子之孝也，其他可能也；其不改父之臣与父之政，是难能也。"

古语译读

曾子说："我听老师说过，孟庄子的孝，别的都不难做到。而他能不更换父亲的臣僚，不改变父亲的政治措施，是别人难以做到的。"

古语智慧

创新是开拓和进取的精神，创新更是应在继承的基础上继续推进。只有以发展的眼光，无私为民的心怀去创新，才能忠实地履行自己的职责，才能将事业做得更好。

人物链接

孟庄子：姓仲孙，名速。鲁国实习的大夫。其父献子，名蔑。

十九

孟氏使阳肤为士师，问于曾子。曾子曰："上失其道，民散久矣。如得其情，则哀矜而勿喜！"

古语译读

孟氏任命阳肤做法官，阳肤向曾子请教。曾子说："在上位的人治国无道，民众人心离散已很久了。你如果办案能审出实情，就应怜悯他，而不要自鸣得意。”

古语智慧

在一个失去信仰的社会里，必然没有清廉的政风，没有凛然的正气，也没有公正的法度。在这样一个社会里，也很难看到正义、正气与凝聚力。在这样一个社会里，看到老百姓这样的弱势群体有失当的行为，作为执法者应该怀有悲悯之心和济世的态度，而不应该以破获这样的案件而功德自居。这一点，时至今日仍具有非常大的现实意义。

人物链接

阳肤：曾子弟子。

二十

子贡曰：“纣之不善，不如是之甚也。是以君子恶居下流，天下之恶皆归焉。”

古语译读

子贡说：“商纣王的坏处，不会像人们传说的那么严重。所以君子讨厌处在下流，这样的话，天下的坏事都归到他身上了。”

古语智慧

“胜者为王败者寇”，失败是失败者的墓志铭，历史永远都朝着成功者的方向。正所谓，人往高处走，水往低处流。因此，我们应该有挑战命运的勇气，有承受困顿的耐力，努力进取，力争上游，成为书写历史而不是被历史遗忘的人。

二十一

子贡曰："君子之过也，如日月之食焉：过也，人皆见之；更也，人皆仰之。"

古语译读

子贡说："君子的过失，好像日蚀月蚀。有了过失，人人都看得见；改正的时候，人人也都仰头看得见。"

古语智慧

身居高位的领导者一旦犯错误，很容易被大家发现，就像太阳、月亮一样，稍有一点点黑，就被人们觉察到了。所以，身为领导，尤其需要谨慎，一言一行都要注意。

二十二

卫公孙朝问于子贡曰："仲尼焉学？"子贡曰："文武之道，未坠于地，在人。贤者识其大者，不贤者识其小者。莫不有文武之道焉。夫子焉不学？而亦何常师之有？"

古语译读

卫国的公孙朝向子贡问道："仲尼在哪里学的？"子贡说："周文王、周武王之道，并没有坠入地里，仍在人间。贤者接受了宏大的方面，不贤者接受了细微的方面，无处没有文王武王之道。我的老师哪里不学习呢？又哪里有固定的师承之人呢？”

古语智慧

在现实生活中，我们应该遵循孔子的这种学习之道。既要自身刻苦努力，同时也要学会向他人学习，无论是面对位居高位者，还是屈于低位者，只要能在他们身上发现可学之处，就要虚心求教，这样才能不断完善自身。

二十三

叔孙武叔语大夫于朝曰：“子贡贤于仲尼。”

子服景伯以告子贡。

子贡曰：“譬之宫墙，赐之墙也及肩，窥见室家之好。夫子之墙数仞，不得其门而入，不见宗庙之美，百官之富。得其门者或寡矣。夫子之云，不亦宜乎！”

古语译读

叔孙武叔在朝廷上告诉大夫们说：“子贡比仲尼要强。”

子服景伯把这话告诉了子贡。

子贡说：“如果用围墙来打比方的话：我家的围墙只够肩膀的高度，别人可以探头看见家中的美好。我老师家的围墙高达数丈，如果找不到大门进去，就看不见里面宗庙的壮丽，百官的繁多，能够找到大门的人大概不多吧！那么，叔孙大人说这种话，不也是自然的吗？”

古语智慧

尊师重道，古来有之，子贡的这番话便是很好的例证。子贡是孔子的得意门生，“孔门十哲”之一。其在孔门十哲中以言语闻名，利口巧词，善于雄辩，且有干济才，办事通达，曾任鲁国、卫国之相。而且子贡还非常善于经商，曾经经商于曹国、鲁国两国之间，富致千金，为孔子弟子中首富。

虽然取得了这样高的成就，但子贡对师父孔子的崇敬之情依然未减半分。他的这种尊师重道的精神，在今天仍然值得我们推崇和传承。

人物链接

叔孙武叔：姓叔孙，名州仇，谥武。春秋时鲁国大夫。

二十四

叔孙武叔毁仲尼。子贡曰：“无以为也！仲尼不可毁也。他人之贤者，丘陵也，犹可逾也；仲尼，日月也，无得而逾焉。人虽欲自绝，其何伤于日月乎？多见其不知量也。”

古语译读

叔孙武叔毁谤仲尼。子贡说：“不要这样做！仲尼是毁谤不了的。别人的贤，好比山丘，还可以越过去；仲尼，就好像日月，无法超越它！人家虽然想自绝于日月，这对日月有什么损害呢？只显出他不自量罢了。”

古语智慧

这一段话，表达的同样是子贡对孔子的高度赞美和敬仰之情。同时他也讽刺了那些毁谤孔子的人是不自量力。

二十五

陈子禽谓子贡曰：“子为恭也，仲尼岂贤于子乎？”

子贡曰：“君子一言以为知，一言以为不知，言不可不慎也。夫子之不可及也，犹天之不可阶而升也。夫子之得邦家者，所谓立之斯立，道之斯行，绥之斯来，动之斯和。其生也荣，其死也哀，如之何其可及也。”

古语译读

陈子禽对子贡说：“您对仲尼是谦恭吧，他难道真的强过您了吗？”

子贡说：“君子由一句话可以显出他的聪明，由一句话可以显出他的愚蠢，所以说话是不能不谨慎的。他老人家的高不可及，就像青天无法用梯子爬上去！他老人家如果得封国而为诸侯，或得封邑而为大夫，就如人们所说的：一让百姓自立于社会，百姓就会自立于社会；一引导百姓前进，百姓就会前进；一对百姓安抚，百姓就会来归附；一对百姓动员，百姓就会齐声响应。他老人家生时享受尊荣，死了令人哀悼，（我）怎么能赶得上他呢？”

古语智慧

子贡的这段话讲在孔子去世之后。上面讲到了，子贡的成就在孔门弟子中称得上是数一数二的，但是，当别人拿他与孔子比较，并说他的贤能在孔子之上时，他却立即予以了反驳，而且又将孔子的成就进行了进一步的推崇。这既表达了他对孔子的尊敬，同时也体现了他自身的谦虚。

尧曰篇

继绝世学，仁德立身

《尧曰篇》主要讲述了尧禅让帝位给舜，舜禅让帝位给禹，即所谓三代的善政和孔子关于治理国家事务的基本要求。

孔子一生敬慕尧、舜等古代圣明的君主，主张尊贤重德，弘扬王道，以古代圣贤的仁德而治理天下大同的世界。面对纷繁复杂的世事，孔子能『知其不可为而为之』，尽管四处碰壁却坚守信仰，不懈地宣扬『仁』的思想，克己复礼，以救时世，体现了他尽忠事君、为学立世的朴素儒学思想。

一

尧曰："咨！尔舜！天之历数在尔躬，允执其中。四海困穷，天禄永终。"

舜亦以命禹。

曰："予小子履敢用玄牡，敢昭告于皇皇后帝：有罪不敢赦。帝臣不蔽，简在帝心。朕躬有罪，无以万方；万方有罪，罪在朕躬。"

周有大赉，善人是富。"虽有周亲，不如仁人。百姓有过，在予一人。"

谨权量，审法度，修废官，四方之政行焉。兴灭国，继绝世，举逸民，天下之民归心焉。

所重：民、食、丧、祭。

宽则得众，信则民任焉，敏则有功，公则说。

古语译读

尧（让位于舜时）说："噫！你这个舜！上天的大命已落在你身上了，你要诚实地掌握正确的原则。假如天下的百姓陷于穷困，上天给你的禄位就永远完结了。"

舜（让位于禹时，）也对禹讲了这番话。

（汤）说："我履谨用黑色牡牛作牺牲，明明白白地告于光明而伟大的天帝：有罪的人（我）不敢擅自去赦免他。您的臣仆（的善恶）我也不隐瞒掩盖，您心里也是早就晓得的。我本人若有罪，就不要牵连天下万方；天下万方若有罪，都归我一个人来承担。"

周朝大封各方诸侯，让善人都得到富贵。（武王在分封时说：）"我虽然有至亲，但比不上有仁德的人。百姓们如有罪过，都由我来承担。"

（孔子曾说：）"检查审定度量衡，恢复已废弃的官职，全国的政令就会通行了。复兴已被灭亡的国家，承继已断绝的世代，提拔被遗落的人才，天下的百姓就会真心归顺了。”

（他又说：）“所应重视的有民众、粮食、丧礼、祭祀。”

“宽仁，就会得到民众；守信用，就会受人倚仗；勤敏，就会有功绩；公平，民众就会高兴。”

古语智慧

上古贤德君王能以天下为公，以德理政，以仁而治天下，惠泽民众，使天下之民归心。后世虽效之以形，却失之以本，仁者流于形式，义者未出自本心，沽名钓誉，敷衍人心，当然得不到世人的敬慕。

论语终篇之作，圣人及其弟子不忘再次谆谆告诫，为政者应当注意“谨权量，审法度，修废官，兴灭国，继绝学，举逸民，以及民、食、丧、祭”。这些告诫，时至今日，依然是当政者所需要秉持的为官之道。

二

子张问于孔子曰：“何如斯可以从政矣？”

子曰：“尊五美，屏四恶，斯可以从政矣。”

子张曰：“何谓五美？”

子曰：“君子惠而不费，劳而不怨，欲而不贪，泰而不骄，威而不猛。”

子张曰：“何谓惠而不费？”

子曰：“因民之所利而利之，斯不亦惠而不费乎？择可劳而劳之，又谁怨？欲仁而得仁，又焉贪？君子无众寡，无小大，无敢慢，斯不亦泰而不骄乎？君子正其衣冠，尊其瞻视，俨然人望而畏之，斯不亦威而不猛乎？”

子张曰：“何谓四恶？”

子曰：“不教而杀谓之虐；不戒视成谓之暴；慢令致期谓之贼；犹之与人也，出纳之吝谓之有司 。”

古语译读

子张向孔子问道：“怎样就可以从政了呢？”

孔子说：“能尊崇五种美德，排除四种恶政，就可以从政了。”

子张问：“五种美德指的是什么？”

孔子说：“君子给人恩惠却无所耗费，让百姓为他劳动而无怨言，有追求却不贪婪，安泰却不骄傲，威严却不凶猛。”

子张说：“什么叫给人恩惠却无所耗费？”

孔子说：“顺着民众能得利益之处而使他们获利，这不就是给人恩惠却无所耗费吗？选择民众便于劳动的时间让他们劳动，又有谁会抱怨呢？自己想要仁德就得到了仁德，又贪求什么呢？君子不论民众人多人少，人贵人贱，都不敢怠慢他们，这不就是安泰却不骄傲吗？君子整顿自己的衣冠，目光尊严地远视，庄严地使人望见便产生畏惧，这不就是威严却不凶猛吗？”

子张又说：“四种恶政指的是什么？”

孔子说：“事先不进行教育，却对民众加以杀戮，叫作虐；事先不进行告诫，却要他们取得成绩，叫作暴；起先懈怠，却突然限期完成，叫作贼；同是给人东西，而出手吝啬，叫作小家子气。”

古语智慧

子张向孔子请教为官从政的要领。孔子提出“五美四恶”这样的政治主张，其中包含有丰富的“民本”思想。圣人所求的是以实际行动惠民、乐居，丰衣足食，能认真处理群众的疾苦，倾听群众的声音，看到群众的急难，真心实意地为民奉献。只有真心实意地为群众办实事，让群众得实惠者，才能受到民众的爱戴与敬慕。而不是流于形式，或是形式上一套，背后又是另一套，甚至是鱼肉百姓，这样的人必然会被民众所唾弃，会被历史淘汰出局。由此可见孔子对德治、礼治社会有自己独到的主张，在今天仍不失其重要的借鉴价值。

三

孔子曰：“不知命，无以为君子也；不知礼，无以立也；不知言，无以知人也。”

古语译读

孔子说：“不懂得命运，无法成为一个君子；不懂得礼，无法立足社会；不懂得分析别人的言语，无法了解别人。”

古语智慧

礼仪，是一种行为方式，是人们日常生活或社会活动中的行为准则，包括待人、接物、处世、为官等。孔子再次向君子提出三点要求，即“知命”“知礼”“知言”，这是君子立身处世的准则。由此更突出了《论语》的侧重点，就在于塑造具有崇高信仰和人格魅力的君子，培养安邦定国，舍生取义的志士仁人。